Julius Müller

Im Himmel werden wir uns wiedersehen –
falls noch Platz ist!

Julius Müller

IM HIMMEL WERDEN WIR UNS WIEDERSEHEN – FALLS NOCH PLATZ IST!

Rabenschwarze Anekdoten

Mit Zeichnungen von
Christian Eiböck, Rosemarie Ledl,
Gabi Steiner und Alfred Vorisek

Seifert Verlag

Umwelthinweis:
Dieses Buch und der Schutzumschlag wurden auf chlorfrei ge-
bleichtem Papier gedruckt. Die Einschrumpffolie – zum Schutz
vor Verschmutzung – ist aus umweltverträglichem und recyclingfä-
higem PE-Material.

1. Auflage
Copyright © 2016 by Seifert Verlag GmbH, Wien
Überarbeitete Sonderausgabe

Umschlaggestaltung: Rubik Creative Supervision, unter
    Verwendung einer Zeichnung von Rosemarie Ledl
Verlagslogo: © Padhi Frieberger
Druck und Bindung: Theiss Druck, St. Stefan im Lavanttal
ISBN: 978-3-902924-56-8
Printed in Austria

Inhalt

Allen Freunden des schwarzen
Humors gewidmet

Der Tod is ein Seitensprung, mehr a scho ned.
Du schlafst ein und wachst auf, nur in an andern Bett.
(Ludwig Hirsch)

Vorwort

Ich habe Julius Müller 2006 kennengelernt – kurz nachdem ich das Team der Kommunikationsabteilung der Bestattung Wien verstärkt hatte. Er wurde mir als wandelndes Lexikon des Bestattungswesens vorgestellt, als Buchautor und zentrale Figur des Bestattungsmuseums. Was ihn, der damals schon sieben Jahre in Pension war, aber an vorderster Stelle ausmachte und ausmacht, sind seine Herzlichkeit, sein Esprit und sein stets waches Interesse an Dingen wie an Mitmenschen: Mühelos zaubert er jedem mit wenigen Worten ein Lächeln ins Gesicht.

Von 1971 bis 1981 war Julius Müller Aufnahmebeamter der Bestattung Wien und Referatsleiter, danach bis 1999 Schulungsleiter. Sein Hauptaugenmerk lag somit in der zweiten Hälfte seiner Karriere beim Städtischen Bestatter auf der Lehre. Er hat Wissen und Fakten vermittelt – aber auch, wie sich ein Bestattungsmitarbeiter richtig zu verhalten hat. Sicher hat er diese Aufgabe mit dem ihm eigenen »Schmäh« ausgefüllt. Noch heute genießt er höchste Anerkennung unter seinen ehemaligen Schülern, die ihre Beamtenprüfungen vorrangig mit Auszeichnung ablegten. »Der Julius war einfach der Beste!«, so der Grundtenor.

Der Besuch des Bestattungsmuseums – für das ich seit 2012 tätig bin – stand gleichfalls auf dem Ausbildungsprogramm des Schulungsleiters Müller. Aber auch reguläre Museumsbesucherinnen und -besucher kamen ab den 1980er-Jahren in den Genuss seiner unterhaltsamen Führungen. »Wenn der Herr Haniffel, er war damals Museumsreferent, schon vier Führungen am Tag gemacht hat, hab ich halt die fünfte übernommen«, so Müller bescheiden. Bis heute wird er für Führungen im Bestattungsmuseum gebucht – wegen seines Know-hows und seines amüsanten Führungsstils.

Funeraler Entertainer

Von einer weiteren Stärke Julius Müllers profitierte das Bestattungsmuseum gleichfalls: »Der Herr Müller hat dann sehr viel Propaganda gemacht, hat geschaut, dass möglichst viele Leute kommen«, so Tibor Haniffel († 2015). Die Besucherzahlen stiegen durch Müllers Marketingeinsatz um ein Vielfaches. Und nach wie vor bringt er Besuchergruppen ins Museum. »Gelln'S, Frau Magister, nächsten Monat komm ich dann mit einem Bus aus

Wiener Neustadt!«, höre ich oft. Das Bestattungsmuseum hat Julius Müller viel zu verdanken, ich persönlich habe ihm sehr viel zu verdanken. 2007 wurde er für sein engagiertes Wirken als Kultur- und Bildungsvermittler mit dem Professorentitel ausgezeichnet.

Und obwohl – oder weil – Julius ein so außergewöhnlicher Mensch ist, kommuniziert er auf Augenhöhe. Er ist immer liebenswürdig und zugänglich. »Und wenn'S was brauchen, Frau Magister, rufen'S mich an!« Oft habe ich dieses Angebot Julius Müllers in den letzten zehn Jahren in Anspruch genommen. Ich kann behaupten, dass er meine wichtigste Informationsquelle war und ist. Seine Hinweise haben mir geholfen, kniffelige Anfragen zu beantworten und außergewöhnliche Ausstellungsstücke zu finden. Zentral war er für meine Masterarbeit über das Bestattungsmuseum. Ich habe sie ihm und Tibor Haniffel gewidmet.

»Sagen Sie ihm, dass er ja kein Buch mehr schreiben soll!«, flehte mich seine Frau an, als ich Julius wieder einmal kontaktierte, um mir auf die Sprünge helfen zu lassen. »Das hält er nicht aus.« Gerade war sein drittes Buch erschienen, Julius rührte kräftig die Werbetrommel und las aus dem Band. Wie immer wird sich das Publikum vor Lachen gebogen haben, wenn er seine Erlebnisse zu Tod und Teufel vortrug. Denn Julius Müller ist nicht zuletzt ein begnadeter Entertainer. Freilich kann er auch nicht ruhen. Zum Glück – für uns alle!

Sie halten Julius Müllers viertes Buch in Händen. Freuen Sie sich auf diese Lektüre! Und versäumen Sie keinesfalls eine seiner Lesungen, sollten Sie die Gelegenheit dazu haben. Denn Julius ist ein Erlebnis!

Helga Bock
Mitarbeiterin des Bestattungsmuseums am
Wiener Zentralfriedhof

Grabinschriften und Grabsteinsprüche

Im Himmel werden wir uns wiedersehen

Ein mir persönlich bekannter Steinmetz hat mir folgende wahre Episode erzählt. Eine Dame bestellte bei einem Berufskollegen einen sündhaft teuren Grabstein aus schwarzem Marmor mit Beschriftung für ihren verstorbenen Ehegatten. Es sollten nur der Vor- und Familienname sowie Geburts- und Sterbedaten eingraviert werden. Zwei Tage nach der Bestellung rief die Witwe beim Steinmetz an. Der Lehrling hob ab, und die Frau bat ihn, falls noch Platz sei, die Inschrift um den Satz »Im Himmel werden wir uns wiedersehen« zu ergänzen. Nach Fertigstellung der aufwendigen Steinmetzarbeiten an der Familiengruft konnte man folgende Grabinschrift lesen:

»Im Himmel werden wir uns wiedersehen. Falls noch Platz ist.«

* * *

Auf Frank Sinatras Grabstein steht: THE BEST IS YET TO COME. Die Botschaft nahmen seine Freunde ernst. Sie warfen ihm folgende Gegenstände nach: Spielkarten, flaschenweise Jack Daniel's, Camel-Zigaretten, ein Zippo-Feuerzeug und Kaugummi für den frischen Atem. Witwe Barbara wird seine letzte Ruhestätte wie jedes Jahr am 10. Dezember besuchen und ihm zuflüstern: »Alles Gute, Frank! Schlaf warm!«

* * *

»In deinem Schoß ruh' mein Gebein –
Mein Grabmal sei in Gutenstein«
(Ferdinand Raimund)

Ferdinand Raimund war Gutenstein zu Lebzeiten sehr verbunden. Wer mag, kann heute auf Raimunds Spuren zum »Raimund-Sitz« wandern, das Raimundhaus und auch die Grabstätte in Gutenstein besuchen. Ferdinand Raimund, eigentlich Ferdinand Jakob Raimann, war ein österreichischer Schauspieler und Dramatiker. Gemeinsam mit Johann Nestroy war er Hauptvertreter des Alt-

Wiener Volkstheaters, wurde am 1. Juni 1790 geboren und starb am 5. September 1836 in Pottenstein.

> Glück ist nicht nur leben können,
> sondern auch sterben dürfen.
> *(August Everding)*

Mit einer Sammlung von Grabinschriften und Grabsteinsprüchen ließen sich viele Bände füllen. Nicht zufällig hat sich bereits in der Antike neben der einfachen Grabinschrift als eine Art höhere Form das Grabgedicht entwickelt. Dies äußerte sich anschaulich in den literarischen Grabsprüchen und Gedichten, die oft sehr viel Gefühl und mitunter auch unfreiwilligen Humor aufwiesen. Heute beschränken sich die Grabinschriften beinahe ausschließlich auf die Angabe des Vor- und Familiennamens sowie des Geburts- und Sterbejahr.

Meine ganz große Leidenschaft gilt dem Sammeln von Partezetteln (Todesanzeigen). Zum Leidwesen meiner Familie kam in den letzten Jahren noch eine zusätzliche »Belastung« dazu: meine Schwärmerei für Grabinschriften und Grabsteinsprüche. Wer darauf achtet, seine persönlichen Dinge in Ordnung zu halten, der sollte beizeiten selbst zur Feder greifen und einen ehrwürdigen Grabsteinspruch ersinnen, um das Schlimmste abzuwenden.

Der berühmteste Grabsteinspruch ist der auf dem Grab des unsterblichen William Skakespeare – wahrscheinlich von ihm selbst verfasst, um sich so etwaige Störenfriede vom Halse zu halten.

> »Guter Freund, lass um Jesu willen davon ab,
> Den Staub hier drinnen aufzuwühlen:
> Gesegnet sei der, der diese Steine in Ruhe lässt,

Verflucht aber der,
der meine Knochen von hier fortschafft.«

* * *

Es gab einmal einen Pfarrer, den nannte man nur den »Grabsteinsprüche-Pfarrer«. Der hochwürdige Herr konnte mir nichts, dir nichts Grabsteinsprüche aus den Messgewandärmeln schütteln. Als er einmal gebeten wurde, einen schönen Spruch für den Dorflehrer zu dichten, entstand nachfolgende Inschrift:

Hier ruht der ehrengeachtete Lehrer
Matthias Wopfner.
Er starb in seiner Abwesenheit.

[Und was gibt es Schöneres, frage ich mich, als in Abwesenheit zu sterben ...]

Derselbe Pfarrer wurde zu mitternächtlicher Stunde gebeten, für einen verstorbenen Knaben einen Spruch zu reimen. Der geistliche Herr aber meinte: »Es ist schon sehr spät, machen'S Ihnen selbst einen.« Darauf entstand folgender selbst gemachter Vers:

Hier in diesem Gräbelein
Ruht mein liebstes Knäbelein,
Hab's selbst gemacht und selbst erdacht,
Dem Herrn Pfarrer zum Trotz um Mitternacht.

Es folgen unten weitere Kostproben aus meiner Sammlung. Zu einer sinnvollen Reihung konnte ich mich bis heute nicht durchringen, ich hoffe dennoch auf Ihr Interesse:

Carl Riedmiller,
Doctor der Medicin und k. k. Kreisphysiker
starb am 22ten Februar 1847
im 44ten Jahre seines Alters,
als Opfer seines Berufes
am Typhus.
(Friedhof St. Ruprecht/Bruck an der Mur)

Ruhestätte für
R. A. F. Leithoff
und Frau.
Hier ruhet
R. A. Franz Leithoff
geb. 23. Febr. 1861, gest. 15. Sept. 1908,
M. D. Louise Leithoff
geb. Seide
geb. 6. Nov. 1865, gest. 29. April 1927.
Wenn Liebe könnte Wunder tun
und Tränen Tote wecken,
Dann würde Dich gewiss nicht hier
die kühle Erde decken.
Auf Friedhofsdauer.
(Friedhof Ohlsdorf/Hamburg)

In München widmete ein Mann seiner verstorbenen
Frau die Worte:

Tränen können sie nicht mehr lebend machen,
darum weine ich.

»Johnny Peter Weissmu(!)ller, Tarzan, 1904–1984«
(Grabinschrift Acapulco/Mexiko)

Hier ruht Herr van der Klee,
wie er geruht im Leben,
nur dass man statt des Kanapee
ihm diesen Sarg gegeben.
(Grabinschrift auf einen Faulenzer,
Leopold Friedrich Günther von Goecking)

Wenn ich gestorben und begraben bin, möchte ich,
dass auf meinen Grabstein geschrieben wird:
»Ich bin angekommen.« Denn hast du das Gefühl,
dass du angekommen bist, bist du tot.
(Yul Brunner)

Bei Gott, ich wollte, man läse
Auf meinem Grabstein dereinst: Hier ruht
B.B. REIN. SACHLICH. BÖSE.
(Berthold Brecht)

Endlich frei, endlich frei, dank Gott, dem Allmächtigen,
bin ich endlich frei.
(Martin Luther King, Grabinschrift in den USA,
zitiert nach dem Spiritual »Free at last«)

»Proletarier aller Länder, vereinigt euch.«
(Karl Marx, Grabinschrift auf dem
Highgate Cemetery in London)

Hier ruht der ehrsame Johann Missegger,
auf der Hirschjagd
durch einen unvorsichtigen Schuß erschossen –
in aufrichtiger Freundschaft
von seinem Schwager Anton Steger.
(Aus dem Lavanttal, Kärnten)

Im kalten Jahre 1853 sind hier zwei Menschen
und 2 Böhmen ertrunken.
(Aus den Hohen Tauern)

Hier ruhet Wenzel Podibrat
Leibkutscher beim Grafen Kolowrat,
Ueber sein Bauch ging Wagenrad,
Weil er immer war so brav,
Ließ Stein ihm setzen der Herr Graf.
(Auf einem Friedhof in Prag)

Hin ist hin!
Anna Maria Fiedlerin,
Geborene Bruez.
(Aus Klagenfurt)

Vergnügt und ohne Sorgen,
Ging er am frühen Morgen,
Auf seine Arbeit aus.
Da traf ihn eine Eiche,
Und, ach, als tote Leiche,
Kam abends er betrübt nach Haus.
(Grabtafel eines verunglückten Holzarbeiters)

Hier liegt ein junges Oechselein,
Des Meister Ochsens Söhnelein,
Der liebe Gott hat nicht gewollt,
Daß er ein Ochse werden sollt.
Drum nahm er ihn aus dieser Welt
Zu sich ins frohe Himmels-Zelt.
Der alte Ochs hat mit Bedacht
Kind – Sarg – Vers – alles selbst gemacht.
(Baiern, 1723)

Sehet unter diesen (!) Hügel
Morscht ein Mädchen gut und rein
Soll Jungfraun euch ein Spiegel
Und ein ächtes Vorbild seyn. etc.
(Steiermark)

Hier ruht Thomas Mest
Im Leben ist er gewest
Schneider aus Prag,
Hat gearbeitet Nacht und Tag.
Wer war Schuld an seinem Tod?
Unausgebackenes Laibl Brot.
(Prag)

Hier ruht Franz Josef Matt,
Der sich zu Tod gesoffen hat,
Herr, gib ihm die ewige Ruh
Und ein Gläsle Schnaps dazu.
(Feldkirch)

Hier ruhet die ehr- und tugendsame
Jungfrau Rosina Baumgartner.
Liebe Rosina!
Wie so manche Nacht
Haben wir mitsammen zugebracht,
Bis der liebe Hailand kam
Und dich wieder zu sich nahm.
(Tulfes bei Rinn)

Gott, welche Trauer!
Achtundachtzig in Einem Grab!
(Obergesselen, Schweiz, Grabinschrift der am 18. Febr.
1720 durch eine Schlaglawine Verschütteten)

Hier ruht Franz Schiestl
[Sterbejahr etc.]
Er war in seinem Leben
Ein guter Schwanz,
Betet für ihn einen Rosenkranz.
(Hall)

[Außen:]
»Hier liegt Hans Sauf,
Wandrer, mach' das Thürl auf …«

[Innen:]
»Gott geb' ihm die ewige Ruh',
Wandrer, mach‹ das Thürl zu.«
(Wilten, alter Friedhof)

Im Leben roth wie Zinober,
Im Tod wie Kreide so bleich,
Gestorben am 17. Oktober,
Am 19. war die Leich.
(Brixen)

Heut stolziert er auf und ab,
Morgen scheißt der Hund aufs Grab.
(Wilhelm Busch)

Die Leute sagen:
Mensch, dein 70. Geburtstag
ist doch ein Meilenstein.
Ich sehe immer nur den Grabstein.
(Woody Allen)

Als Motto aller Grabinschriften könnte auch gelten:

Er lebte still und unscheinbar
und starb,
weil es so üblich war.
(Martina Rupp)

Letzte Spiele

Die Reise ins Himmelreich

Darf man eigentlich Witze über das Sterben, den Tod und Begräbnisse machen? Gibt es ihn wirklich, den berühmt-berüchtigten schwarzen Humor?

Ja, der Tod gehört zum Leben. Und ein Leben ohne Humor wäre nicht wirklich lebenswert, oder?

»Das Letzte im Leben«

So wurden im 19. Jahrhundert Spiele erfunden, deren Zweck nur vordergründig die Unterhaltung war. Wenn einst nach wie vor Anlass geboten wird, über den Tod zu schmunzeln, gar zu lachen, dann nicht aus Respektlosigkeit oder Verlegenheit, sondern um keine falsche Pietät aufkommen zu lassen.

Die Reise ins Himmelreich von Konrad Heinrich Büttgenbach, erschienen im Gustav Weise Verlag, Stuttgart o. J. (um 1900), Chromolithografie, Karton, Papier, Metall Schweizer Spielmuseum

Das Spiel folgt der Tradition moralischer Lehrspiele und erzählt vom Weg der Seele eines Verstorbenen ins Himmelreich. Es richtet sich explizit an Kinder, »meine lieben kleinen Freunde«, wie der Autor die Spielenden im Regelwerk anspricht. Sechs Zinnfiguren – die Verstorbenen – sind dem Spiel beigelegt. Die Seele hat auf dem Weg ins Paradies diverse »Würdigkeitsproben« zu bestehen, Tugenden werden belohnt, Laster bestraft, allerdings bietet der groteske Himmelsweg auch Unwetter, Zehrgeld und Restaurantbesuche – und es regiert auch post mortem statt der Vorsehung der Zufall. *(Ernst Strouhal, Universität für angewandte Kunst Wien)*

Eisenbahn zum Himmel[1]

Abfahrt, zu jeder Stunde. –
Ankunft, wann es Gott gefällt. –

---

1   Sammlung Land Tirol, Hans Jäger Oetz

Bemerkungen: (Spielregeln)

1. Es gibt keine Tour- und Retourkarten

2. Es gibt keinen Vergnügungszug

3. Die Kinder, welche den Gebrauch der Vernunft noch nicht erlangt haben, reisen unentgeltlich, nur müssen sie im Schooße (!) der Mutterkirche sitzen.

4. Man ersucht, nur das Gepäck der guten Werke mitzubringen, wenn man nicht den Zug versäumen, oder eine Verspätung bei der letzten Station erleiden will.

5. Man nimmt Reisende auf der ganzen Linie auf.

Diese Spiele könnte man auch als ein »Mensch ärgere dich nicht« für Besinnliches und Heiteres über das Ende alles Irdischen bezeichnen.

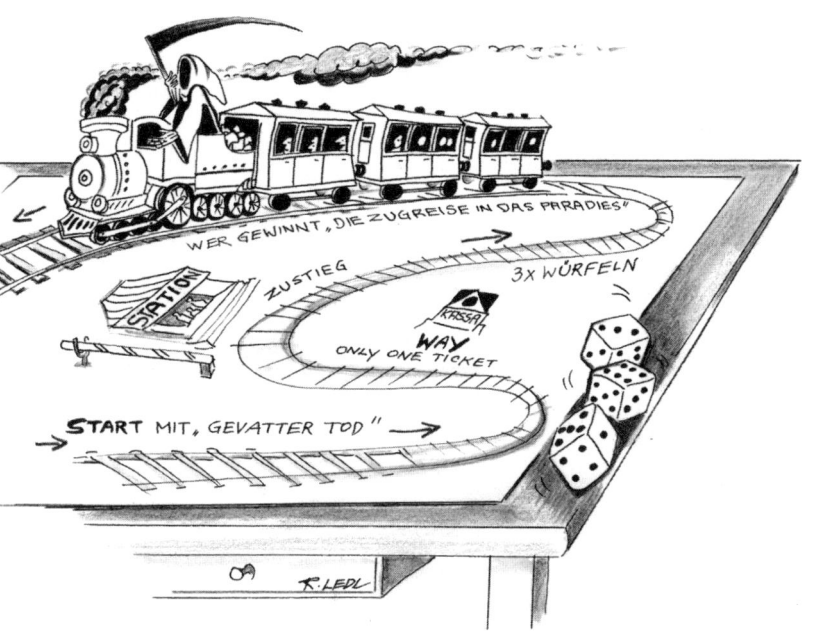

27

Partnersuche am Friedhof

Mit Dirndlschleife oder Gießkanne

Man stelle sich folgende Situation vor: Eine Dame im
Dirndl ist mit der Grabpflege beschäftigt und zündet
ein Grablicht an. Eine Reihe weiter betreut ein Herr mit
Gießkanne das Familiengrab. Durch Blickkontakt entsteht schließlich ein Gespräch.

Eine der ersten Fragen lautet: »Sind Sie auch schon
verwitwet?«

Nach längerer Unterhaltung erfolgt die kritische Frage:

»Haben Sie eine schöne Pension? Wir könnten uns ja, wenn Sie wollen, bei einem Kaffee im Café Concordia weiter unterhalten!«

Man findet einander sympathisch, und nach einigen Treffen plant man sogar eine gemeinsame Reise. Ob die Reise dann auch wirklich alle Erwartungen erfüllt, kann nicht vorausgesagt werden.

Was man heute aber mit Sicherheit voraussagen kann, ist die Bedeutung der Dirndl-Schleife, denn die Masche hat eine starke Aussagekraft.

Trägt man sie:

- vorne rechts, bedeutet es, dass die Dirndlträgerin bereits vergeben oder verheiratet ist;

- vorne links, hat man noch Chancen, bei der Trägerin einen Treffer zu landen;

- vorne in der Mitte, dann ist sie gar noch Jungfrau;

- hinten in der Mitte, weist darauf hin, dass sie verwitwet ist.

Dass die hinten gebundene Dirndlschleife bedeuten soll, die Frau war bereits einmal verheiratet und hat ihren Mann verloren, ist ein strittiger Fall.

Eine andere Möglichkeit, einen Partner zu finden, ist auch der Trick mit der Gießkanne:

Wird der Amper[2] rechts oder links geschwenkt (siehe Dirndlschleife) bedeutet das ja bzw. nein.

* * *

---

2 Amper: ostösterr. Dialektausdruck für Gießkanne

Für erwartungsvolle Schürzenjäger werden übrigens bereits »Reisen für Trauernde – Reisen zu neuer Zuversicht« angeboten. Spezielle Angebote gibt es bei Bedarf mit Ausflügen und qualifizierter Begleitung für Gespräche. Manchmal haben Trauerreisen aber auch einen ganz anderen, unverhofft positiven Aspekt: Immer wieder kommt es vor, dass aus trauernden Reiseteilnehmern Freunde werden. Es haben sogar schon einige Teilnehmer geheiratet. Dann trägt man die Schleife jedenfalls wieder rechts, denn das gilt in solcher Tradition nicht nur als verheiratet, sondern als sicher vergeben, bis dass der Tod das Brautpaar scheidet.

* * *

Eine Dame vom »Kneipp-Bund« erzählte mir, dass ihre Mutter bei einer Friedhofsführung auf diese Weise ihren zweiten Ehemann kennengelernt hatte. Nachsatz: »Jetzt habe ich als Tochter zwei Familiengräber zu betreuen.«

* * *

Dass die Partnersuche sich mittlerweile auch auf Friedhöfen größter Beliebtheit erfreut, beweist folgende Anzeige[3] aus der Kronen Zeitung:

Der Kavalier

der mir
am Zentralfriedhof,
so behilflich war
hat mich leider
mit seiner
schönen Stimme
nicht persönlich
erreicht!

☎ ▓▓▓▓▓▓▓▓▓

* * *

Steht eine Frau am Grab ihres Mannes und gibt den Blumen Wasser. Kommt eine andere Frau vorbei, stellt sich dazu, nickt und sagt: »Sie haben's gut, Sie gießen schon. Ich koche noch.«

---

3 Der Autor, der selbst schon viele Friedhofsführungen geleitet hat, schwört hiermit, dass er nicht der Kavalier mit der »schönen« Stimme war.

Der Pumperer

In meinem Buch »Man stirbt nur einmal«[4] durfte ich Ihnen »Hugo«, den Flugtransportsarg, vorstellen. »Hugo« setzt sich aus den englischen Worten HUMAN (Mensch) und GONER (Todeskandidat) zusammen. Aus den Anfangsbuchstaben HU und GO entstand »Hugo«. Diesmal möchte ich Sie mit dem »Pumperer« bekannt machen.

---

4   »Man stirbt nur einmal. Heitere Geschichten übers Grab hinaus.« 4. Aufl., S. 114, Wien 2016

Die Abholung der Verstorbenen

Während um die Jahrhundertwende der im Sterbehaus aufgebahrte Verstorbene am Tag der Beerdigung in feierlicher Prozession – je nach der Klasse des bestellten »Leichenbegängnisses« – zur Einsegnung in die Pfarrkirche und anschließend zum Friedhof »überführt« wurde, ist es gegenwärtig nur bei Trauerfeiern besonderer Art üblich, den Toten feierlich vom Aufbahrungsort zum Friedhof zu geleiten.

Der österreichische Dramatiker und feinsinnige Lyriker Anton Wildgans (1881–1932) hat in seinem Drama »Armut« eine der wenigen Anspielungen auf den Beruf des Bestatters gemacht, die wir aus der deutschen Literatur kennen. Er schilderte die krassen Unterschiede zwischen einer »Armenleich« und dem prunkvollen Begräbnis der »Bessergestellten«:

> Ja, fehlte es nicht an dem leidigen Geld,
> So führest auch du in die andere Welt
> Sechsspännig mit nickenden Rappen.
> Ein spanischer Reiter ritte voran,
> Zwölf Galonierte folgten sodann
> Mit Fackelgeschwäle und Wappen
> …
> doch so wird ein rumpelnder Kastenwagen
> Dich hurtig hinaus auf den Acker tragen.

Aus dem rumpelnden und pumpernden Geräuschen des Kastenwagens dürfte der Begriff »Pumperer« entstanden sein. Heutzutage werden bei Abholungen aus Krankenanstalten – wenn kein anderer Auftrag erteilt wurde – mehrere Verstorbene gemeinsam in einem Fourgon (Kastenwagen für 4 oder 10 Särge) transportiert. Der Fachausdruck »Pumperer« lebt jedoch weiter und wird nach wie vor – natürlich nie in Gegenwart von Hinterbliebenen – von meinen Kollegen verwendet.

Ich erinnere mich noch genau, als ich einmal als Aufnahmebeamter telefonisch die Abholung einer Verstorbenen aus einem Wohnhaus an meinen Kollegen vom Bestattungsdienst durchgab. Die Bestellerin unterbrach mein Telefongespräch sehr energisch mit den Worten:

»Lassen'S ja nicht meine Schwester in so einem schwarzen Kobel mit dem ›Pumperer‹ von der Wohnung abholen!«[5]

Ich versicherte, niemals würden wir die Verstorbene mit dem »Pumperer« holen, sondern selbstverständlich würde eine Einzelabholung mit einem Glaswagen vom Wohnhaus auf den Friedhof Hernals erfolgen. – Man sieht, der Ausdruck »Pumperer« ist noch immer nicht ganz in Vergessenheit geraten.

---

5 »Lassen Sie meine Schwester ja nicht in so einem schwarzen Verschlag mit dem Pumperer von der Wohnung abholen.«

Souvenirs

Die »Verarbeitung von Leichenasche« nimmt immer skurilere Ausmaße an: Neben der Herstellung von Erinnerungsdiamanten kann man jetzt auch die Überreste der Verblichenen zu Perlen und Souvenirs verarbeiten.

Südkorea: Tote zu Perlen verarbeitet

»So kann man die sterblichen Überreste seiner Lieben immer bei sich tragen! Der Südkoreaner Kim Sang Guk hat eine Methode entwickelt, um die Asche einer verbrannten Leiche in glasähnliche Perlen zu verwandeln.

Die Asche wird auf rund 2.000 Grad Celsius erhitzt, sodass sie sich zu kleinen Perlen formen lässt. ›Sie sehen aus wie Edelsteine, sind bläulich, grün oder richtig jadefarben.‹ Gleich mehrere Angehörige könnten die geruchlosen Perlen als Schmuckstück tragen, betont Kim. Denn viele seiner Landsleute könnten sich nur schwer von ihren Liebsten trennen.« *(KURIER, 5. November 1998)*

England – Souvenirs aus Asche von Toten

»Die Engländerin Wendy Redmore hat sich ein Patent darauf gesichert, die Asche von Verstorbenen in gläserne Souvenirs einbrennen zu lassen. Die sterblichen Überreste von Angehörigen sollen nach der Verbrennung im Krematorium in Vasen oder Briefbeschwerern eingearbeitet werden. Die Idee kam Redmore nach dem Tod ihrer 83 Jahre alten Mutter. Nach der Verbrennung erhielt sie deren Asche in einem grünen Plastikbehälter.

Mit Hilfe eines Glasbläsers ließ sie daraus drei Vasen machen, in denen nun schwarze Punkte eingesprenkelt sind. In Zusammenarbeit mit einer großen lokalen Glasbläserei will Redmore ihre Idee nun vermarkten.

Die ungewöhnlichen Andenken sollen zu Preisen von umgerechnet rund 320 Euro aufwärts verkauft werden.«
(KURIER, 10. Februar 2006)

New York – Urne mit Asche als Keksdose verkauft

»Als Keksdose hat eine New Yorkerin eine Urne auf dem Flohmarkt verkauft. Sie hatte nicht gewusst, dass sich darin die Asche der ersten Ehefrau ihres Mannes befand. Und da sich der Deckel des Keramikgefäßes in Form einer Schildkröte nicht öffnen ließ, wechselte die ›Keksdose‹ für nur 30 Cent den Besitzer.«
(Neue Kronen Zeitung, 8. August 2007)

USA – Asche in Chips-Dose beigesetzt

»Der Erfinder der ›Pringles‹-Verpackung hat sich in einer der von ihm entworfenen Chips-Dosen bestatten lassen. Nach dem Tod von Frederic Baur wurde ein Teil seiner Asche in einer der charakteristischen Dosen im Grab versenkt. Wie seine Kinder mitteilten, habe Baur dies ausdrücklich gewünscht, da er auf seine Erfindung sehr stolz gewesen sei.«

(KURIER, 3. Juni 2008)

* * *

Ich bitte dich, wenn ich dereinst mal sterbe,
Tu meine Asche nicht ins
Kunstgewerbe.
(Aus dem Gedicht »Kunstgewerbe«
von Joachim Ringelnatz)

Qualtinger –
»'S Sterben haaßt aa nix mehr ...«

Der Schauspieler Helmut Qualtinger starb im Alter von 58 Jahren am 29. September 1986 in Wien.

Der Wiener Schauspieler, Kabarettist und Autor gestaltete bereits mit 18 Jahren als Medizinstudent gemeinsam mit Michael Kehlmann sein erstes Kabarettprogramm. Aus dem Spaß des Studententheaters wurde bald Liebe, die große Liebe zum Kabarett. Gemeinsam mit Carl Merz, Michael Kehlmann und Gerhard Bronner entstanden ab 1950 die berühmten Kabaretts. Legendär wurden insbesondere die nach 1955 mit Georg Kreisler produzierten Programme »Blattl vor'm Mund«, »Glasl vor'm Aug«, »Spiegel vor'm G'sicht«, »Dachl über'm Kopf« und »Hackl im Kreuz«.

1960 zog sich Qualtinger vom Kabarett zurück, weil er nicht ewig »der Travnicek«, »der Halbstarke vom Dienst« bleiben wollte.

Mit dem 1961 erschienenen »Herrn Karl« prägte Qualtinger, gemeinsam mit Co-Autor Merz, ein Bild des abgründigen und unverbesserlichen Mitläufers mit der gemütlichen Fassade, das weit über die Grenzen Österreichs hinaus bekannt wurde.

Rasch machte sich Qualtinger auch als Schauspieler einen Namen: Er spielte Nestroys Titus Feuerfuchs und Knieriem, Kleists Dorfrichter Adam und den Fleischhauer Oskar in der berühmten ORF-Produktion von Horvaths »G'schichten aus dem Wienerwald«. Im selben Stück brillierte er 1968 am Volkstheater und in der 1978 entstandenen Maximilian-Schell-Verfilmung auch als Zauberkönig.

Unvergesslich seine Leseabende. Seine Interpretation der »Letzten Tage der Menschheit« ist auf Platten der Nachwelt erhalten.

Die »schöne Leich«, die Qualtinger so oft satirisch aufs Korn genommen hatte, wurde für ihn nun selbst inszeniert und zelebriert. Die Leut' am Zentralfriedhof genossen den Leichenzug, der seinem Sarg folgte. An der Spitze des Konduktes eine Musikkapelle: »Quasis« Jazzfreunde von den »Vienna Dixie Stompers«, die schon in der Aufbahrungshalle 2 einen Blues gespielt hatten (»Just a Closer Walk With Thee«) und die nun seinen letzten Weg im Jazzrhythmus begleiteten. Der Spezial-Eichensarg im Konduktwagen, im Spalier die Sargträger in der Galauniform der Sonderklasse und schließlich die schier endlose Reihe der Hinterbliebenen, Freunde, Kollegen und Qualtinger-Fans. Am Ehrengrab ein letzter Blues, der erst in der Nacht vor dem Begräbnis von »Quasi«-Freund Bela Koreny komponiert wurde und ein Meer von Blumen. Die Nachrufe hielten der Schriftsteller Hans Weigel, Bürgermeister Helmut Zilk und Prälat Ungar, der damalige Leiter der Caritas der Erzdiözese Wien und Präsident der Österreichischen Caritas.

> Erstaunlich, dass eine Kerze,
> die an beiden Enden brannte und immer
> sehr viel Licht gab,
> so lange gehalten hat …
> *(Gerhard Bronner)*

* * *

> Qualtingers Tod ist schlimmer,
> als würde die Wiener Hofburg abbrennen.
> *(Fritz Muliar)*

Ob sich Qualtinger seiner eigenen Worte aus dem »Herrn Karl« erinnert hätte? »… Da hab i g'wusst: S' Sterben haaßt aa nix mehr …«[6] Das Ehrengrab liegt am Wiener Zentralfriedhof Gruppe 33 G, Nr. 73 – die Grabbüste wurde von Bildhauer Alfred Hrdlicka gestaltet.

---

6   »… Da wusste ich: Das Sterben hat auch keinen Reiz mehr …«

Der Rüsselkäfer

Der Rüsselkäfer bevorzugt feuchtes Holz und zerstört die von ihm befallenen Gegenstände im Gegensatz zu anderen Nagekäfern völlig, was eine Restaurierung unmöglich macht.

Laut Univ.-Prof. Dr Halmschlager von der Universität für Bodenkultur Wien, breitet sich der Rüsselkäfer so rasant aus, dass in drei bis fünf Jahren alle Holzsärge in der Wiener Michaeler-Gruft zerfressen sein würden, unternähme die Stadt nicht etwas dagegen.

Tod durch Unterkühlung

»Der Rüsselkäfer, Todfeind Nummer 1 der Gruft, wird bald durch Trockenheit und Kälte sterben«, gab sich Pater Peter van Meijl zuversichtlich. »Die wissenschaftliche Bestandsaufnahme hatte gezeigt, dass es eine viel zu hohe Luftfeuchtigkeit gibt, ein idealer Lebensraum für den gefräßigen Rüsselkäfer.« Diese Luftfeuchtigkeits-Absenkung müsse aber langsam geschehen, »sonst gehen die Särge kaputt und die Haut der Mumien reißt«. Angestrebt wird, dass die Rüsselkäfer in Winterstarre verfallen und durch mangelnde Luftfeuchtigkeit vertrocknen, so wären die kostbaren Särge geschützt.

Erster Schritt einer Spendenaktion für die Rettung der Särge in der Michaeler-Gruft ist nun die Kooperation mit dem Wiener Bestattungsmuseum durch den Verkauf von Staub eines verfallenen Sarges mit der Inventarnummer SN220 aus der Armenseelen-Gruft. Wer will, kann sich ein Röhrchen Sargstaub mit nach Hause nehmen. Für diese »Devotionale« werden Spenden ab 10 Euro angenommen.

Kaufen kann man auch T-Shirts mit durchgestrichenem Rüsselkäfer-Cartoon und der Aufschrift »Save Our Coffins«.

Vielleicht sollte man das berühmte Wienerlied:

I muaß im früher'm Leb'n
a Reblaus g'wesen sein[7]

umschreiben in:

I muaß im früher'm Leb'n
a Rüsselkäfer g'wesen sein,
und hob g'haust in der Michaeler-Gruft zu Wien, …

---

7   Musik Karl Föderl, Text Ernst Marischka. »Ich muss im früheren Leben eine Reblaus gewesen sein.« (Reblaus=Weinschädling)

Totentanz

In Wien, zu St. Michael in der Gruft
Gedeih'n sie prächtig in modriger Luft
Sehr bodenständig, aber nicht elegant
Sind als Rüsselkäfer wohlbekannt.
Mit einer Coolness ohne gleichen
Kriechen sie munter über Särge und auch Leichen
Und freu'n sich, wenn die Glocke sacht
Vom Turme schlägt um Mitternacht.
Dann krabbeln sie aus allen Ritzen
Sieht man die Rüsselkäfer flitzen.
Die »Rüsselkäfer-Band« spielt auf
Zum Tanz, da kommen sie zu Hauf.

Diese »Dancing-Stars«, sie tanzen toll
Auch Rumba, Samba, und Rock'n'Roll
Doch Rüsselkäfer, seht euch vor
Euch steht der letzte Tanz bevor.
Jedoch, um eurer immer zu gedenken
Wird euch die Menschheit reich beschenken.
Diese Welt wird sich zu euch bekennen
Und Staubsauger nur mehr Rüsselkäfer nennen.
Und alle Welt wird ohne Klagen
Die Rüsselkäfer T-Shirts tragen.
So wird des Rüsselkäfer's Ort
Vom »Vergessenwerden« wohl »bewohrt«.
(Karl Laubblätter)

Totenbretter

Diese Toten- oder auch Leichenbretter haben eine lange zurückliegende Tradition und sind Zeugen eines alten Totenkultes. Schon Siegfried legte man, wie im Nibelungenlied nachzulesen ist, auf einen »ré«, darunter verstand man im Mittelalter ein Leichen- oder Totenbrett »… si leiten úf den ré«.

Auf dem Lande wurde der Tote früher, als man noch zu Hause starb, auf ein Fichtenbrett gelegt und mit einem Tuch zugedeckt. Während die Leiche »auf dem Laden« lag, wurde in der Pfarrkirche ein »Ladenamt« gehalten. Solange die Verwendung eines Sarges noch nicht allgemein üblich war, wurde der Tote auf diesem Brett auch zu Grabe getragen. Nach der Beerdigung versah man den Laden mit Vor- und Zunamen, Geburts- und Sterbedaten, sehr oft auch mit einem Gebet oder Spruch. Später hat man ihn auch kunstvoll verziert und bemalt. Die Leichenbretter wurden zur Erinnerung an den Toten in seinem Flurbezirk an Zäunen oder Kreuzwegen aufgestellt. Aber auch bei einer Kapelle, am Friedhof, an Wegrändern und an den Wänden von Scheunen befestigte man sie zur Erinnerung für alle, die des Weges kamen. Manchmal wurden sie über eine sumpfige Wegstelle oder ein Bächlein gelegt. Eine Mahnung und Bitte an die Passanten, für die arme Seele zu beten.

Dort, wo man sie noch findet, sind diese Bretter oft schon stark verwittert, manchmal kann nicht einmal mehr die Inschrift entziffert werden.

* * *

In Maria Alm, im Salzburger Pinzgau, wo meine Frau und ich gemeinsam mit Freunden im Herbst 2007 einen wunderschönen Wanderurlaub genießen durften, wurde ich – Sie können sich meine Freude vorstellen – fündig:

Leichenbrett der Jungfrau
Maria Mitteregger
gwrst Bauerstochter vom Lehen
gestorben den 18. September 1904
im 64. Lebensjahr.
Sie ruhe in Frieden!
Ich freue mich, o Herr Jesus Christ,
dass du erhöht im Himmel bist
dort ist mir auch ein Ort bereit
bei dir zu sein in Ewigkeit
Amen

* * *

Leichenladen
Zum Gedenken
an ehrengeachtete Jungfrau
Anna Mitteregger
gwrst Pfarrerköchin
geb. 26.06.1896
Nach einem arbeitsamen Leben
von Gott zu sich gerufen.
Wanderer auch du musst sterben
Weisst nicht wann, wo und wie,
vielleicht schon heute abend
oder morgen früh.

Werbung

Mittlerweile gibt es ja Kalender fast aus allen Branchen: die feschen Jungbauern/Jungbäuerinnen, die sich, leicht bekleidet, im Heu wälzen, Feuerwehrmänner und -frauen, die halb gekleidet und feurig ihren Dienst versehen, Fußball(mann)- und -frauenschaften, die sich, ohne die rote Karte zu bekommen, auf Hochglanzpapier halb nackt zeigen, die schönen Jungwinzer/Innen, die sich in romantischen Weinkellern und Kellergassen präsentieren. Und die schönsten Männer des Vatikans, fast ausnahmslos hochgeschlossen in Schwarz, einmal aber mit geöffnetem Kragen, zeigt der Calendario Romano 2008 des Fotografen Piero Pazzi.

Da darf natürlich auch der Kalender einer Sargfabrik nicht fehlen. Maurizio Matteucci, ein römischer Sargfabrikantensohn, gibt seit 2003 einen Kalender heraus, in dem sich rechtschaffene Handwerkskunst und lockende Weiblichkeit vereinen. Schön anzuschauende Särge bilden dabei stets den soliden Hintergrund für hingebungsvoll schmachtende, mehr oder weniger leicht bekleidete Frauen, die im Übrigen allesamt keinem Top-Model-Standard entsprechen, sondern eher wie die jungen Witwen der Dahingeschiedenen wirken und ab und zu sogar lächeln dürfen. Wer aber von Kalendern mit der Aufschrift »Es ist später, als du denkst« noch nicht genug hat, kann allerhand weiteren Schnickschnack bei »Cofani funebri« bestellen: Sei es eine zeitgemäße Armbanduhr im Sargdesign, Modell »Time is short«, oder ein sargförmiges Feuerzeug: »Smoke kills«.

Werbung für die Leichenverbrennungs-Vorstellung vom 9. Februar 1882

»Leichenverbrennung. Wer sich für die Feuerbestattung interessiert, braucht zur Zeit nicht mehr nach Gotha zu reisen, er kann auch im Aquarium dahier ein getreues Bild von der Sache bekommen. Herr Ingenieur Siemens aus Dresden hat nämlich daselbst ein Modell des Gotha-Leichenverbrennungs-Apparates im Größenverhältnis von 1 zu 12,5 aufgestellt und wird an diesem Modelle den interessanten Verbrennungsprozeß zeigen und erläutern. Die Vorstellungen finden täglich dreimal statt, um 11 Uhr Vormittags und um 3, und 5 Uhr Nachmittags.«

Übergewicht

Obwohl heute die Kalorienaufnahme geringer ist als vor 10 Jahren, nimmt die Zahl sehr dicker Menschen stark zu, so Sportmediziner Univ.-Prof. Dr Paul Haber vom Wiener Allgemeinen Krankenhaus.

Inzwischen leiden eine Milliarde Menschen an Fettleibigkeit, dagegen »nur« 850 Millionen Menschen an Hunger, berichten Agrar-Experten bei einer Konferenz.

In Deutschland soll es bereits XXL-Orgien geben, so berichtete eine Wirtin: »Einmal im Monat« gibt es ein Wettessen. 12 Stelzen soll einmal einer in Braunschweig verdrückt haben – hintereinander natürlich. Der Gewinner erhält einen 50-Euro-Gutschein für die nächste XXL-Orgie.

* * *

Hier ist ertrunken Anna Lentner,
Sie wog mehr als dritthalb Zentner,
Gott geb ihr in der Ewigkeit,
Nach ihrem Gewicht die Seligkeit.
(Marterlspruch)

Tote XXL – Übergewichtige machen Bestattern schwer zu schaffen

Särge in Übergröße, XXL-Bestattungswäsche und vor allem die Probleme beim Transport übergewichtiger Verstorbener gehören auch in Deutschland zu den meistdebattierten Themen der Zunft.

In Amerika ist man auch in dieser Hinsicht einige Schritte voraus. Die Firma Goliath Casket stellt Särge in Übergrößen her. Das Sortiment umfasst mehrere Modelle, bis zum 500-Kilo-Sarg mit verstärktem Tragegriff. Der Absatz lege Jahr für Jahr um ein Fünftel zu, so die Sargmacher aus den USA. »Die Leute leben und sterben größer, und die Industrie muss sich anpassen«, heißt es dazu von Seiten der International Size-Acceptance Association, einer Interessensgruppe von Übergewichtigen.

Auch in Australien sind dicke Leichen auf dem Vormarsch: Immer mehr Krematorien müssen XXL-Brennöfen installieren, weil die Verstorbenen in Särgen mit Übergröße gebettet werden. Der Verband der Beerdigungsinstitute hat seine Mitglieder zwischenzeitlich angewiesen, Särge nicht mehr mit Seilen von Hand in die Gräber hinabzulassen, sondern Hebemaschinen einzusetzen.

Eine halbe Tonne wog der Sarg eines 38jährigen Engländers, der jetzt in seiner Heimatstadt Wigan bestattet wurde. Der 317-Kilo-Mann setzte eine traurige Rekordmarke: Man setzte ihn im wohl größten Sarg bei, der in Großbritannien je gebaut wurde. Als er kurz vor seinem Tod ins Krankenhaus eingeliefert worden war, hatte die Feuerwehr ihn durch das Schlafzimmerfenster nach draußen transportieren müssen. Der Leichnam konnte nicht eingeäschert werden, weil der Sarg nicht in das Krematorium passte. Auch für einen Leichenwagen war er zu groß und musste vom Bestattungsunternehmer per Pferdewagen transportiert werden. Der Sarg aus massivem Mahagoni war etwa 2,30 Meter lang, 1,37 Meter breit und 76 Zentimeter tief und ein eher rechteckiger Kasten, weil die typische Sargform in dieser Übergröße nicht gebaut werden konnte. Kommentar des britischen Bestatters, der den Riesen unter die Erde brachte: »Er war wohl der schwerste Mann, der je in diesem Land begraben wurde. Diese Beerdigung hat die Fähigkeiten aller Beteiligten in der Tat strapaziert.«

»I muass ned die leichteste Leiche sein. Von mir aus können's ruhig sagen: ›Für viere is er z'schwer, für sechse is er z'kurz.‹« *(Josef »Joesi« Prokopetz, österreichischer Liedermacher, Musiker, Autor, Darsteller und Kabarettist)*

* * *

In Rio de Janeiro wird der erste Friedhof für Fettleibige mit XXL-Gräbern eröffnet. Sie bieten zwei Quadratmeter mehr Platz als herkömmliche Gräber, sind 1,30 Meter breit und 2,40 Meter lang und sollen bis zu 350 kg schwere Leichen beherbergen können. Jeder zweite! Brasilianer ist zu dick.
(KURIER, 21. Juli 2015)

Daher schadet es nicht »Probe zu liegen«.

Sarg-Probeliegen

Der Sargdeckel ist auf der Seite des
Verbrauchers schmucklos.

(Stanislaw Jerzy Lec)

Anlässlich der »Langen Nacht der Museen«[8] im Bestattungsmuseum Wien am 7. Oktober 2007 war die
»Hauptattraktion« das »Probeliegen« für Mutige. Rund
750 Besucher und Besucherinnen wollten den »Hauch
des Todes« spüren, wobei die meisten »Tester/Innen«

---

8 Einmal jedes Jahr haben Wiens Museen die Nacht über für Besucher geöffnet.

zwischen 20 und 25 Jahre zählten. Zwei Särge standen zur Auswahl. Von »Richtig bequem«bis zum ironischen »Endlich sauberes Bettzeug« reichten die Kommentare. Auch dem Wunsch, dass der Sargdeckel geschlossen werden möge, kamen die Mitarbeiter des Bestattungsmuseums gerne nach. Die Aufforderung »Und jetzt herumtragen, damit ich das richtige Feeling habe!«, wurde hingegen nicht in die Tat umgesetzt.

Schon lange war die Bestattung Wien gebeten worden, einen Sargtest anzubieten, aber erst 2006 hatte die Direktion in der Person von Dr. Christian Fertinger zugestimmt. »Mit Bauchweh«, wie er gestand.

Umso mehr sah er sich dann von dem großen Erfolg erleichtert. Jeder der »Sarg-Probeliegen-Tester/Innen« bekam schließlich ein Erinnerungsfoto überreicht. Aussagen wie »Bin i eh fesch?«[9], »Soll ich meinen Hut abnehmen?«, »Lieg' i richtig?«[10] oder »I hob ma's ärger vurg'stellt«[11] sorgten für nicht unbeträchtliche Heiterkeit.

* * *

In Korea kann man jetzt auch ausprobieren, wie es sich anfühlt zu sterben: Im Zuge des Seminars »Happy-Dying« (»Fröhliches Sterben«) wird für die Teilnehmer eine feierliche Scheinbestattung inszeniert. Für 36 Euro pro Person darf man 15 Minuten Probeliegen. So soll neue Lebensfreude vermittelt werden.

* * *

9   »Bin ich wirklich hübsch anzusehen?«
10   »Liege ich richtig?«
11   »Das habe ich mir ärger vorgestellt.«

Was verbindet Halloween mit Probeliegen?

Zu Halloween findet bekanntlich ja auch eine Auseinandersetzung mit dem Tod statt, erklärt der Angstforscher Borwin Bandelow und meint dazu: »Die Leute verkleiden sich als Leiche, um ihre Angst vor dem Tod in das Lächerliche zu ziehen.«

Das hätte man auch besser dem Todes-Mönch aus dem Meditationssarg gesagt, dieser wurde sozusagen daran gehindert, in seinem Sarg zu sterben, denn er wollte sich zu Tode meditieren – nur haben die Behörden den Mönch daran gehindert. Der 65-jährige Abt eines buddhistischen Klosters hatte sich in einen Sarg gelegt und zu meditieren begonnen. Er wolle keinen Suizid begehen, es sei schlicht an der Zeit für ihn, zu sterben, sagte er. Der Sarg hatte Löcher, sodass der Mann beim Meditieren atmen konnte. Die Behörden verschafften sich Zugang zum Sarg – sein Verhalten sei »unangebracht«, hieß es. Man konnte den Mönch schlussendlich überreden, sich ins Krankenhaus bringen zu lassen.

Zeremonien

Arrangeur

Leichenfladerer (Leichenfledderer), Leichenwäscher, Totenvogel, Gruftspion, Pompfüneberer … der Volksmund kennt viele Namen für den Berufsstand des Bestatters.

Der Begriff »Arrangeur« kommt aus dem Französischen und bedeutet so viel wie arrangieren, ausrichten und gestalten. Es galt als besonders vornehm, viele Dinge, auch im Bestatter-Gewerbe, mit französischen Namen zu benennen, z. B:

- »Douceur« – für das zu erwartende Trinkgeld,

- »Fourgon« (Kastenwagen) – für die Abholung Verstorbener,

- »Partezettel« – leitet seinen Namen von »Faire part«, d. h. »anzeigen« (Todesanzeige) ab; und schließlich der

- »Pompfüneberer« – von der Wiener Bestattungsfirma »Entreprise des pompes funébres«, ein Name, der vor allem in Wien als Berufsbezeichnung für den Bestatter schlechthin galt und gilt,

- »Konduktpersonal« – Begriff umfasst die Sargträger und »Arrangeure« (in den Bundesländern sind auch die Bezeichnungen »Begräbnis-Begleiter« oder »Konduktleiter« üblich),

- »Arrangeure« – sind für den reibungslosen Ablauf der Trauerfeier (Dienstkleidung, gepflegtes Äußeres, Anwesenheitskontrolle aller erforderlichen Mitwirkenden wie Sänger, Musiker, Nachrufsprecher, Organist, Geistlicher, Ehrenwachen, Abordnungen u. a. m.) verantwortlich und Ansprechpartner für die Trauerfamilie. Außerdem sorgen sie für das Arrangement von Kränzen, Blumengebinden und Buketts in der Aufbahrungshalle. Von diesen Tätigkeiten leitet sich der Name »Arrangeur« ab.

Diamanten-Bestattung

Erinnerungs-Diamanten bestehen aus der Asche Verstorbener und entsprechen den in der Natur vorkommenden Edelsteinen. Für einen Erinnerungs-Diamanten ist etwa ein halbes Kilo Asche nötig. Bei der Verbrennung eines erwachsenen Menschen bleiben etwa 2,5 Kilo Asche zurück. Das aufwändige Verfahren der Diamanten-Bestattung wurde vom Schweizer Unternehmen Algordanza entwickelt. Dieser Edelstein entsteht in einem mehrmonatigen Prozess, bei dem die Asche des Verstorbenen unter hohem Druck und bei hoher Temperatur in einen Diamanten umgewandelt wird.

Ein russischer Physiker erklärte in einer Fernsehsendung: »Das Herstellen einer Atombombe ist vergleichsweise einfacher als die Fertigung von Erinnerungs-Diamanten.« Der nicht zu einem Edelstein transformierte Teil der Leichenasche wird in einer Urne – in der von den Hinterbliebenen bestimmten Grabstätte – am Friedhof beigesetzt.

Zeremonien

Die Zeremonie, die letzte Reise, das letzte Fest – die schöne Leich': Neben der herkömmlichen Erd- und Feuerbestattung gibt es heute eine Vielzahl von Möglichkeiten, die Zeremonie einer Trauerfeier zu gestalten. Die Bestattungskultur wird immer einfallsreicher.

Die Baumbestattung

Man wird ganz naturnah mittels Urne unter einem Baum im so genannten Friedwald[12] eingegraben. Dergestalt erfolgt die Beisetzung der Totenasche innerhalb

---

12   »Friedwälder« sind eine Alternative zum herkömmlichen Friedhof.

eines speziell dafür vorgesehenen Waldstücks, das öffentlich zugänglich sein muss. Der genutzte Baum wird mit einer Kennzeichnung versehen.

Die Almwiesenbestattung

Hinter dem Begriff der Almwiesenbestattung verbirgt sich eine Bestattungsvariante, die besonders in der Schweiz, wo es keinen Friedhofszwang gibt, angeboten wird. Die Asche eines Verstorbenen wird aus der Urne heraus in einer Almwiese beigesetzt und gilt somit als bestattet. Varianten, bei denen die Asche über einer Almwiese verstreut oder unter einem Bergfelsen vergraben wird, sind möglich. Inzwischen wird sogar angeboten, die Asche des Verstorbenen in einen Bach zu streuen, damit sie durch das Wasser von dort bis ins Meer getragen wird.

Die Seebestattung

Bei der Seebestattung wird die Urne auf dem Meer beigesetzt. Die Beisetzung kann auf der Nord- oder Ostsee, jedoch auch auf allen Weltmeeren vorgenommen werden. Die Angehörigen können auf Wunsch der Zeremonie beiwohnen, auch eine Bewirtung an Bord kann erfolgen. Die Angehörigen erhalten eine Seekarte mit den genauen nautischen Angaben des Bestattungsortes.

Die Weltraumbestattung

Nach der Einäscherung wird ein kleiner Teil der Asche in eine spezielle Urne gefüllt und in Verbindung mit einer Weltraummission ins All gebracht. Die restliche Asche wird dann nach den Wünschen des Verstorbenen bestattet. Die Zulässigkeit und Durchführung besonderer Bestattungsformen kann regional unterschiedlich sein.

* * *

Weitere Möglichkeiten, die letzte Reise richtig spektakulär anzutreten, bieten deutsche Bestattungsunternehmen an:

Die Raketen-Bestattung

wird (in Tschechien) zum großen Finale. Hier feuert man die Aschenkapsel mittels einer Rakete mit einem großen Knall inklusive Feuerwerk in den nächtlichen Sternenhimmel ab.

Die letzte Reise mit einem Heißluftballon

In luftigen Höhen wird die Asche der Verblichenen während einer Ballonfahrt ausgestreut (Tschechien).

Die Fontänenbestattung

In der ungarischen Hauptstadt Budapest bieten Unternehmen die Fontänen-Bestattung an. Dabei wird die Asche der Verstorbenen in einer Spezialurne in die Wasserfontänen eingebracht und in der freien Natur auf einem Rasenstück des Friedhofes »zerstäubt«.

Hedwig Bleibtreus letzter Vorhang

Eine besondere Trauerfeier wurde für das Ehrenmitglied des Burgtheaters, Frau Prof. Hedwig Bleibtreu, Hofschauspielerin veranstaltet:

Die verstorbene Hofschauspielerin war und ist das einzige Ehrenmitglied des Burgtheaters, das auf der Bühne des ehrwürdigen Hauses aufgebahrt wurde. Der »Bild-Telegraf« vom 31. Jänner 1958 berichtet: »Auf vier über und über mit Kränzen behängten Wagen befanden sich auch die letzten Blumengrüße von Verwandten, Verehrern und Freunden der verewigten Künstlerin. Die Direktionen und Schauspieler des Burgtheaters, der Josefstadt und des Volkstheaters, die Bühnengewerkschaft, die Gesellschaft der Freunde des Burgtheaters, der Österreichische Rundfunk, die Staatsoper hatten Kranzspenden gesandt. Aus Göttingen kam von Heinz Hilpert ein wunderschönes Gebinde aus Nelken und Mimosen. Von Curd Jürgens ein Kranz, der nur aus Palmkätzchen bestand. Auf der Schleife nur wenige Worte: ›Adieu Mutter, Curd Jürgens.‹ Die Riesenbühne des Burgtheaters war mit schwarzem Tuch ausgeschlagen. Auf einem kleinen Podest stand in ihrer Mitte der Metallsarg mit den goldenen Verzierungen. Vier zehnarmige silberne Kerzenständer befanden sich an den Enden des Sarges, der auf jeder Seite von vier brennenden Riesenkerzen flankiert war. Nach und nach füllte sich das große Viereck mit den Trauergästen. Punkt 14 Uhr betrat der Herr Bundespräsident die Bühne.«

Abschied von Georg Danzer

Der Liedermacher und Schriftsteller Georg Danzer starb am 21. Juni 2007 in seinem Haus im Kreise seiner Familie. Er war einer der wichtigsten Vertreter des Austro-Pop. Das Lied »Mei Aschn«, das er schrieb, bevor er von seiner Krebserkrankung wusste – enthält seine Anweisung, was im Falle seines Todes geschehen soll:

Meine Damen und meine Herrn,
eingeäschert möchert i wern.
Dann verdampf i gern
bis aufe zu de Stern.

Die Urne Georg Danzers wurde im engsten Kreise beigesetzt.

Ein Eispickel für die letzte Reise

»Mit einem bewegenden Staatsakt hat Neuseeland Abschied von dem Mount-Everest-Erstbezwinger Sir Edmund Hillary genommen. Die Trauerfeier in Auckland wurde im ganzen Land sowie in Nepal und auf der von Hillary mitgebauten Antarktis-Forschungssation Scott-Basis übertragen. Edmund Hillary starb am 11. Januar 2008 im Alter von 88 Jahren. Am Ende der Zeremonie standen im Kirchenschiff 40 Bergsteiger Spalier, um dem populären Abenteurer mit erhobenen Eispickeln die letzte Ehre zu erweisen. Ein Eispickel lag auch auf dem Sarg. Es war das Original, das Hillary vor fast 55 Jahren auf der Expedition dabei hatte, die ihn über Nacht weltberühmt machte. Tausende Menschen säumten die Straße, als der Trauerzug aus der St.-Mary's-Kirche in Hillarys Heimatstadt Auckland kam.«

(Münchner Merkur, 23. Januar 2008)

Kein Armenbegräbnis für Gustl[13]

Der Wohlfahrtsstaat löst die Armut
nicht von selbst auf.
(Bruno Kreisky)

---

13 Gustl: Kurzform für Gustav

Ein besonderes Begräbnis durfte ich einmal in meiner Tätigkeit als Schulungsreferent der Bestattung Wien miterleben. Um die Aufgaben und die Tätigkeiten des Arrangeurs an Ort und Stelle am Friedhof zu zeigen, besuchten meine »Schüler« und ich den Friedhof Baumgarten.[14] Dabei erzählte mir der Dienst habende Arrangeur, in einer halben Stunde würde die Trauerfeier eines Obdachlosen beginnen. Eine Obdachlosengruppe von sieben Männern und einer Frau hatten Geld für ihren »Kumpel« gesammelt. Der »Kollege« sollte keinesfalls ein Armenbegräbnis bekommen, sondern im Grab seiner verstorbenen Mutter die letzte Ruhe finden.

Bevor die Zeremonie mit dem Orgelspiel und der Einsegnung begann, traten seine Freunde einzeln zu dem einfachen Holzsarg vor dem Altar, klopften mit den Handflächen mehrmals auf den Sargoberteil und sagten: »Servas, mach's guat, Gustl!«

Wir, die wir die kleine Trauergemeinde begleiteten, waren von diesem letzten »Servas« tief berührt. Der Arrangeur hatte inzwischen in Windeseile ein Sarggesteck »organisiert«, gespendet von einer Blumenhandlung gegenüber dem Baumgartner Friedhof. Ich hoffe, im Sinne von Gustl sagen zu dürfen: »Danke, es war a schene Leich'! Servas!«

Ich gehe langsam in die Welt hinaus
In eine Landschaft jenseits aller Ferne,
und was ich war und bin und was ich bleibe,
geht mit mir ohne Ungeduld und Eile
in ein bisher noch nicht betret'nes Land.
(Hans Sahl)

---

14   Der Friedhof Baumgarten liegt im 14. Wiener Gemeindebezirk.

Zur letzten Ruh – Friedhöfe sind mehr als nur Totengedenkstätten

Friedhofsbesuche sind die nützlichsten,
sie dienen wie nichts der Belehrung und
der Beruhigung, nirgendwo sonst
kann sich ein heute doch überall
gestörter Kopf konzentrieren.
(Thomas Bernhard, »Heldenplatz«)

Friedhof für Fußballer

»Für manche ist Fußball eine Sache von
Leben und Tod. Das gefällt mir nicht.
Fußball ist viel bedeutender.«
(Bill Shankly † 1981, englischer Trainer)

»Das ist kein Elfmeter!«
(Die letzten Worte eines Schiedsrichters)

Anlässlich des »Tages des Friedhofes« fand im September
2007 der erste Spatenstich für den Friedhof des Hamburger Sportvereines (HSV) auf dem Hauptfriedhof
Hamburg–Altona statt.

Der erste Friedhof für Fußballer
der deutschen Bundesliga

Als erster deutscher Profiklub bietet der HSV seinen
Fans einen eigenen Friedhof mit Bestattungen im HSV-
Sarg an. Am Rande des Hauptfriedhofes Altona, direkt
gegenüber dem Arena-Eingang Westribüne der VIPs,
entsteht der HSV-Friedhof.

Fußball verbindet – Schlusspfiff

Auf dem Gelände wird später Platz für 300 bis 500 Gräber sein. Die Preise liegen zwischen 500 Euro (Reservierung für ein Urnengrab) und 10 000 Euro (Sofortkauf eines Doppelgrabes). Nach Angaben der Friedhofsgärtner-Genossenschaft soll sich das HSV-Gräberfeld optisch abgrenzen. Möglich sei eine halbrunde Anordnung der Gräber, die an die Form eines Stadions erinnert, der Eingang könnte als »eine Art Fußballtor« aus Pflanzen oder Stein gestaltet werden. Das Areal auf dem Altonaer-Hauptfriedhof (150×100 Meter) mit dem Blick auf die HSV-Arena ist zur Attraktion geworden. Das Interesse ist enorm, sagt das Vorstandsmitglied Christian Reichert. Die ersten 100 »Dauerkarten« sind bereits vorbestellt, die Eröffnung des HSV-Friedhofes ist für den Sommer 2008 geplant. Zur offiziellen Eröffnung hat sich schon die Nachrichten-Großmacht »CNN« angemeldet. Es wird keine knallbunten Grabsteine und auch keinen Fanartikel-Shop auf dem Friedhof geben.

Antrag auf Bewilligung einer »Dauerkarte«

»Hiermit möchte ich den Antrag auf eine Dauerkarte für 22 B oder die dann existierende Fankurve (Sitzplatz) für die zwei Spielzeiten nach meinem Ableben stellen, da nach dem derzeitigen deutschen Friedhofsgesetz meine Urne nicht bestattet werden muss. Auf dem Sitzplatz soll während der Heimspiele meine Urne stehen, die von noch auszuwählenden Personen transportiert und bewacht wird. Diese (mindestens zwei) werden selbstverständlich ebenfalls Dauerkarten für die Sitze rechts und links auf eigene Kosten erwerben und sich schriftlich verpflichten, alle nötigen Sicherheitsvorkehrungen zu treffen, damit die Urne mit meinen Überresten nicht als

Wurfgeschoß oder Ähnliches missbraucht werden kann. Das Bezugsrecht für DFB-Pokal- und europäische Cup-Spiele nehme ich hiermit ergänzend wahr.

Sollte eine Liberalisierung des Friedhofgesetzes eintreten, verfüge ich hiermit, verbunden mit der Bitte an den HSV e.V., um Erfüllung, dass mit meiner Asche am letzten Heimspieltag der direkt nach meinem Ableben stattfindenden Saison der Elfmeterpunkt vor der Fantribüne gekreidet wird. Für die Dauerkarte bzw. den Umstand, den das Kreiden macht, werde ich in meinem Testament eine Summe von 10 000 Euro zur Verfügung stellen. Das sollte für zwei Spielzeiten Sitzplatz reichen, auch wenn der Vorstand bis 2060 jedes Jahr die Eintrittspreise wie jetzt um 6 Prozent erhöht. Die restliche Summe soll der Jugendarbeit des HSV e.V. zu gute kommen.

Ich schreibe dies bei vollem Bewusstsein und klarem Verstand und möchte Dich bitten, meine Bitte und diesen Antrag ernst zu nehmen und entsprechend zu behandeln.«

Sag beim Abschied leise »Servus«[15]

Abschied von den Wiener Kaffeesieder-Legenden
Josefine und Leopold Hawelka

Was wäre Wien ohne das Café Hawelka, was wäre das
Hawelka ohne seine Gäste?

Die Innendekoration des ehemaligen »Café Ludwig«
wurde von einem Schüler des Jugendstilarchitekten

---

15   Der Text dieses Liedes, das viele in der Interpretation von Peter
Alexander kennen, stammt ursprünglich von den Librettisten Hans
Lengsfelder und Siegfried Tisch.

Adolf Loos entworfen. Die Hawelkas übernahmen sie 1:1, und bis heute ist nichts daran verändert worden. Auch die Thonet-Stühle und die kleinen Marmortische erzählen längst Zeitgeschichte. Die getäfelte Decke im hinteren Teil des Kaffeehauses entdeckt Leopold erst in den 1960er Jahren und legt sie frei – auch diese ist heute noch im Urzustand erhalten. An den Wänden schenkt Leopold seinen künstlerisch aktiven Gästen Raum: Die eine wird mit Postern bedeckt, die neueste Ausstellungen, Konzerte und Lesungen bewerben – damals eine Innovation, die heute in den österreichischen Kaffeehäusern nicht mehr wegzudenken ist. Die andere Wand gehört Hawelkas Sammlung von ausgesuchten Werken seiner Gäste. Schauen Sie sich das an!

1936 beginnen Leopold und Josefine Hawelka ihre gemeinsame Karriere als Cafétiers mit der Pachtung des »Café Alt Wien« in der Bäckerstraße – drei Jahre später übernehmen sie das kleinere »Café Ludwig« (ehemalige Chatham-Bar) in der Dorotheergasse.

Unmittelbar nach der Eröffnung wird Leopold einberufen und nach Russland geschickt. Erst fünf Jahre später kehrt er mit seiner Frau Josefine nach Wien zurück. Wie durch ein Wunder ist das Café unversehrt – bereits im Herbst 1945 kommt es zur Wiedereröffnung: Josefine bereitet den Kaffee am Holzofen zu, Leopold besorgt das Feuerholz eigenhändig im Wiener Wald. Gemeinsam kümmert man sich um das Wohl der Gäste – das gemütliche Kaffeehaus wird schnell zum beliebten Treffpunkt.

In den 1950er und 1960er Jahren beginnt die Wirtschaft zu blühen. Das Stadtbild verändert sich: Neue Espresso-Bars italienischer Art scheinen plötzlich besser zum schneller werdenden Leben zu passen als das traditionelle

Kaffeehaus. Viele tragen dieser Entwicklung Rechnung, nicht aber das Hawelka: Leopolds einziges Zugeständnis an die Moderne ist es, ebenfalls eine Espresso-Maschine zu installieren – das Kaffeehaus überlebt durch die Loyalität seiner Stammgäste, die das alte Café als zeitlosen Raum zu schätzen wissen.

In den folgenden Jahren wurde das Kaffeehaus zu einem Treffpunkt der Künstlerszene. Ob Oskar Werner, Friedensreich Hundertwasser, Elias Canetti, André Heller, Ernst Fuchs, Albert Paris Gütersloh, Hilde Spiel, Heimito v. Doderer, H. C. Artmann, Conrad Beyer, Klaus Maria Brandauer, Udo Jürgens, Arik Brauer, Wolfgang Hutter, Alfred Hrdlicka, Senta Berger, Andy Warhol, Peter Ustinov, Hans Moser, Helmut Qualtinger und Friedrich Torberg, für alle war das »Hawelka« ein zweites Wohnzimmer. Dass viele von ihnen Leopold Hawelka, der selbst leidenschaftlicher Maler war, die Zeche mit einem Kunstwerk bezahlten, daran erinnern die zahlreichen Bilder an den Wänden.

Das Café Hawelka inspirierte auch den Liedermacher und Sänger Georg Danzer zu seinem Lied »Jö schau, wos mocht a Nackerter im Hawelka«. Und im Herbst 2009 erschien das Buch »Darf man als Nackerter ins Hawelka? – Knigge für Fortgeschrittene« von Helmut A. Gansterer.

Josefine Hawelka

Josefine wird am 12. Oktober 1913 in Kirchdorf an der
Krems/OÖ als Tochter eines Fleischhauers geboren. Mit
zwei Geschwistern wächst sie auf und hilft bereits als junges Mädchen bei ihrer Tante im Gasthaus. Mit 16 Jahren
zieht sie nach Wien, arbeitet im Restaurant »Deierl« und
lernt dort Leopold kennen. Am Tag nach ihrer Hochzeit

eröffnen die beiden ihr erstes Kaffeehaus. »Unsere Flitterwochen homa im Kaffeehaus verbracht, und gwohnt homa auch drin, weil a Geld homa jo kaans g'hobt.«[16]

Josefine Hawelka verstirbt am 22. März. 2005. Der legendären Frau Josefine widmete Wolf Martin in der »Kronen Zeitung« vom 26. März 2005 folgenden Nachruf:

> »Frau Hawelka, die jüngst entschlief,
> hat wohl so viel geraucht passiv,
> dass Ärzte sprächen schon vom Morden,
> und ist trotzdem so alt geworden!
> Denn sie war glücklich und zufrieden
> in dem Beruf, der ihr beschieden,
> nahm nie die Rente in Beschlag
> und starb sogar am Ruhetag.«

Leopold Hawelka
Leopold wird am 11. April 1911 in Staatz/NÖ als Sohn eines Schusters böhmischer Abstammung geboren. 1925 zieht er nach Wien, erlernt im Restaurant »Deierl« die Gastronomie und begegnet hier seiner zukünftigen Ehefrau. 1936 heiraten Leopold und Josefine: »I wär net der Hawelka ohne mei Frau.«

Mehr als siebzig Jahre lang begrüßte Leopold Hawelka seine Gäste persönlich. Zum 80. Geburtstag wurde ihm der Titel »Kommerzialrat« verliehen, und an seinem 100. Geburtstag, im April 2011, schien keiner so jung wie er.

Am 29. Dezember 2011 ist Wiens berühmtester Cafétier friedlich zu Hause eingeschlafen. Und wieder widmete Wolf Martin in der Kronen Zeitung vom 31. Dezember 2011 folgenden Nachruf:

---

16 »Unsere Flitterwochen haben wir im Kaffeehaus verbracht, und gewohnt haben wir auch drin, weil Geld haben wir keines gehabt.«

Der Gattin Josefine sollt
nun folgen auch ihr Leopold.
Ein letztes Stück vom alten Wien
ist mit Herrn Hawelka dahin.
Zusammen fast zweihundert Jahr
ward das berühmte Ehepaar.
Geschwängert war vom blauen Dunst
einst ihr Café, ein Hort der Kunst,
als noch nicht Puritanerstrenge
den Geist getrieben in die Enge.
Und Hawelka, der hochverehrte,
den Kreis der Uraltraucher mehrte.
Ja, weint nur! Die Gemütlichkeit
stirbt langsam aus in unsrer Zeit.

Am Marmortisch neben der Schank wird er immer fehlen. Sein Sohn Günter und seine beiden Enkelsöhne Amir und Michael tragen die Geschichte mittlerweile weiter. Und abends weht wie in den ersten Tagen des Cafés, der Duft der legendären Buchteln[17] durch den Raum.

* * *

In den Wiener Kaffeehäusern traf man sich zum gesellschaftlichen Austausch, doch abseits des kulturellen Kaffeegenusses gab es auch wissenschaftliche Experimente:

König Gustav III. von Schweden wollte die gesundheitliche Wirkung von Kaffee nachweisen. Ein verurteilter Verbrecher musste jahrelang viel Tee trinken, ein anderer die gleiche Menge an Kaffee. Der Teetrinker starb schließlich zuerst, jedoch Gustav selbst noch vor dem Ende des Experiments.

---

17   böhmisch-wienerische Mehlspeise aus Hefeteig

Trotzdem darf man dem Genuss von Kaffee den Vorzug geben, denn:

Kaffee-Trinker leben länger! Eine langjährige US-Studie belegt jetzt: Kaffee-Trinker leben länger. Spezielle Inhaltsstoffe schützen die Zellen vor dem Sterben. Am gesündesten ist das Getränk »schwarz«. Zucker und Schlagobers oder Whiskey, à la Irish Coffee, schaden dem Körper.

Peter Alexander – Das letzte Finale

Der große Entertainer starb am 12. Februar 2011 im 84. Lebensjahr. Peter Alexander hatte sich ein stilles Begräbnis – im Familiengrab auf dem Grinzinger Friedhof – gewünscht.

Wegen der großen Anteilnahme seiner Fans ließen ihn die Angehörigen auf dem Wiener Zentralfriedhof aufbahren. Am 19. Februar 2011 hatten alle um den Sänger und Schauspieler Trauernden von 9 bis 16 Uhr die Möglichkeit, ihm die letzte Ehre zu erweisen. 7.000 Verehrer und Verehrerinnen sowie zahlreiche Fans aus dem Ausland kamen mit Rosen und Kerzen und vielen Erinnerungen, um ihrem Idol zu danken. Sie warteten bei Temperaturen um den Nullpunkt über eine Stunde, trugen sich ins Kondolenzbuch ein und verneigten sich vor dem toten Star. In der Aufbahrungshalle 2 stand der Sarg des Künstlers vor einem großformatigen Foto. Zahlreiche Kränze und Blumenspenden vom Bundespräsidenten, Bundeskanzler, Wiener Bürgermeister und von Udo Jürgens waren links und rechts der Aufbahrung arrangiert. Am Ausgang der Aufbahrungshalle wurden Gedenkbilder verteilt.

»Sag beim Abschied leise ›Servus‹« stand darauf. Auf Musik in der Aufbahrungshalle war verzichtet worden. Es sollte ein leiser Abschied sein.

Am Abend des 28. Februar wurde Peter Alexander auf dem Grinzinger Friedhof im kleinsten Familien- und Freundeskreis beigesetzt, wie er es sich immer gewünscht hatte.

Bald nach dem Tode des populären Künstlers kletterten seine CDs wieder hinauf in die obersten Ränge der Charts. Peter Alexander zugleich mit Lady Gaga auf Platz 1 der Charts. Krasser könnten Gegensätze nicht sein:

Single Charts	Album Charts
1. *Born This Way*	1. Peter Alexander *Größte Erfolge*
	6. *Das große Jubliäumsalbum*
	9. *Danke, Peter*
	11. *Die schönsten Duette*
	23. *Verliebt in Wien*

Die zum 80. Geburtstag erschienene DVD-Reihe des verstorbenen Entertainers war schon 2006 ein Verkaufsrenner und erreichte in nur kurzer Zeit Goldstatus. Nach seinem Tod eroberten die Musik-DVDs neuerlich die Bestseller-Liste.

1. *Herzlichen Glückwunsch,* Teil 1
2. *Herzlichen Glückwunsch,* Teil 2
5. *Herzlichen Glückwunsch,* Teil 3

Bevor sich am 12. Februar 2012 zum ersten Mal der Todestag von Peter Alexander jährte, enthüllte das Wiener Wachsfiguren-Museum »Madame Tussauds« zu Ehren des großen Schauspielers, Sängers und Entertainers am 9. Februar im Prater eine lebensechte Nachbildung des Künstlers, die in London hergestellt wurde.

Es gibt in Wien spezielle Stadtführungen, zum Beispiel in die Katakomben, auf den Spuren des »Dritten Mannes« durch die Wiener Kanalisation und auch auf denjenigen der Josefine Mutzenbacher. Rund um den Wiener Naschmarkt gibt es die klassische »Naschmarkttour« – geführte Genusstouren wie etwa die »Schokospur«, ein Rundgang zu den Höhepunkten der Schokoladenproduktion. Die »Tour süßes Wien« widmet sich den süßen Spezialitäten der Wiener Küche. Und ganz neu ist die »Peter Alexander Memorial-Tour«: Vom Geburtshaus zu den Schulen, die »Peter der Große« besuchte, und zu seinen verschiedenen Wohnstätten folgt man dem Lebensweg des beliebten Künstlers bis hin zu seiner letzten Ruhestätte auf dem Grinzinger Friedhof.

Sein Humor bleibt unsterblich: Vicco von Bülow alias Loriot

»Lieber Gott, viel Spaß!« So hat der Art Directors Club Deutschland (ADC) – ein Zusammenschluss von 600 Kreativen – in einer ganzseitigen Traueranzeige in der »Frankfurter Allgemeinen Zeitung« Abschied von seinem Ehrenmitglied Loriot genommen.

Im Jahre 1951 fragte der große deutsche Humorist bei einem Spaziergang über den Hamburger Ohlsdorfer Friedhof (größter Parkfriedhof der Welt) seine Begleiterin Rose-Marie, ob sie das Leben mit ihm teilen wolle. Die hat diesem Heiratsantrag zugestimmt, gewissermaßen über die Gräber hinweg. Lachen muss nicht laut sein, das leise, das wissende Schmunzeln ist ein viel größeres Vergnügen. Das ist die Weisheit, die Loriot uns lehrte, und wenn wir mit ihm über andere schmunzeln durften, amüsierten wir uns immer auch über uns selbst. Er war nicht nur ein großer Humorist, er war auch Philosoph, der mit Knollennasen und Möpsen die Welt erklärte.

Loriot alias Vicco von Bülow, der am 22. August 2011

im Alter von 87 Jahren gestorben ist, äußerte sich oft humorvoll über sich und die Welt. Anlässlich eines Interviews fragte man ihn: »Haben Sie selbst schon Vorkehrungen für Ihren eigenen Tod getroffen?«

Loriot: »Da berühren Sie ein sehr aktuelles Thema. Ich muss mir ja mal ein Plätzchen aussuchen, wo ich mich dann eine gewisse Weile ausruhen werde. Das habe ich bisher versäumt, weil ich so viel zu tun hatte. Aber ich habe kürzlich damit angefangen.«

»Wie sahen Ihre Vorbereitungen konkret aus?«

Loriot: »Ich bin mit meiner Frau und Freunden schon über einige Friedhöfe marschiert, und wir haben uns angeguckt, wo wir am liebsten liegen würden. Hinterher haben wir im Café Apfelkuchen mit Schlagsahne gegessen und hatten den Eindruck, wir wären auf unserer eigenen Beerdigung gewesen.«

»Wissen Sie, was auf Ihrem Grabstein stehen soll?«

Loriot: »Zweckmäßig wäre es, wenn der Name darauf stünde.«

»Was kommt nach dem Tod?«

Loriot: »Der Himmel, hoffe ich. Ich habe mir meinen Kinderglauben an den lieben Gott bewahrt.«

Der Humorist ist »in aller Stille im engsten Familienkreis« auf dem Waldfriedhof in Berlin Charlottenburg bestattet worden. Der Friedhof, ein wunderschön terrassenförmig angelegtes Gelände mit fast 150 000 Quadratmetern gilt in der Hauptstadt als Prominentenfriedhof und ist einer der landschaftlich schönsten Begräbnisorte Berlins für alle Konfessionen. Auch die Schauspieler Horst Buchholz und Grete Weiser, der Dichter Joachim Ringelnatz und der Verleger Franz Ullstein sind dort begraben.

Der Totengräber –
ein unehrenhafter Beruf?

Wer kaum hat 90 Jahre gelebt
und scharrte manchen ein.
Wer anderen eine Grube gräbt,
fällt endlich selbst hinein.
(Grabinschrift eines Totengräbers,
Museumsfriedhof Kramsach)

Für jeden Friedhof standen bereits im Mittelalter ein oder
mehrere Totengräber zur Verfügung, die in den Städten
hauptberuflich, in den Dörfern und Märkten aber – da
das Gewerbe den Mann nicht ernähren konnte – neben-

beruflich tätig waren. Von einem geregelten Arbeitslohn war natürlich keine Rede; erst seit 1696 musste man acht Kreuzer für ein »großes« Grab, vier Kreuzer für ein »kleines« Grab zahlen, welcher Betrag um 1744 infolge einer allgemeinen Teuerung auf zwanzig Kreuzer für das »große« Grab erhöht wurde. Seit diesem Jahre wurde den Totengräbern auch ein jährliches Quartiergeld in der Höhe von 15 Gulden gewährt, und nur deshalb, weil niemand mehr bereit war, dieses Hungerleben auf sich zu nehmen. Ein kleiner Nebenverdienst ergab sich für die Totengräber in der Wartung der Grabstellen. Letzten Endes waren sie aber alle auf die Gebefreudigkeit der Hinterbliebenen und Trauergäste angewiesen. Wir lesen nirgendwo von einer Berufsorganisation der Totengräber in früheren Jahrhunderten, es gab auch keine Totengräberzunft.

Unehrliche Berufe waren im Mittelalter gesellschaftlich verachtete Berufe. »Unehrlich« bedeutete damals, anders als heute, nicht »betrügerisch«, sondern ohne gesellschaftliches Ansehen und Ehre. Manche Berufe galten als unehrlich, weil sie besonders unangenehme und geruchsintensive Arbeit beinhalteten, z. B. die Kloakenreinigung oder die Tierkörperverwertung (»Schinder, Racker«), andere, weil sie als unmoralisch galten, z. B. Prostitution (»Hübschlerinnen«). Das Amt des Henkers fällt wohl unter beide Kategorien. Als ehrlos, damit nicht handwerks- oder ratsfähig, galten zeitweilig sogar Angehörige von nützlichen Gewerben, da sie z. B. Kranke, Verletzte, Verurteilte oder Leichname berührten (Bader, Wundärzte).

Manchen eher handwerklichen Berufen wurde vorgeworfen, mit den ihnen anvertrauten Materialien betrügerisch umzugehen. Der Müller stehle Getreide von den Bauern, indem er es durch geheime Einrichtungen in seiner Mühle abzwacke; der Schneider bereichere sich heimlich an den Stoffen, die ihm zur Bearbeitung gegeben wurden. Kinder, deren Eltern einen unehrlichen Beruf hatten, konnten auch nur einen solchen Beruf ergreifen und nur in solche Familien einheiraten. Speziell die Abdecker und die Scharfrichter (»Nachrichter«) standen ganz unten in der gesellschaftlichen Rangordnung. Die Angehörigen unehrlicher Berufe bildeten eine gesellschaftliche Randgruppe, die oft abgesondert leben musste. Die Scharfrichter hatten deshalb ihr Haus oftmals außerhalb der Stadtmauer und der Kontakt mit den Bürgern war nahezu unmöglich.

Besonders verachtete oder als unmoralisch betrachtete Tätigkeiten:

Abdecker, Prostituierte, Scharfrichter, Totengräber.

Wie die »Leichenwäschern« verfolgte auch die Totengräber die üble Nachrede der Leichenfledderei. Heute ist der Totengräber ein Beerdigungsgehilfe der Friedhofsverwaltung, der soziologisch der unteren Gesellschaftsschicht zugeordnet wird.

Leichenbitter und Totengräber

Früher übertrugen die Hinterbliebenen einem Mann oder einer Frau die Aufgabe, die Nachricht vom Tod eines Angehörigen den Verwandten und Bekannten in der unmittelbaren Umgebung persönlich mitzuteilen. Sie wurden Leichenbitter genannt, weil sie dabei im Namen der Trauerfamilie um die Teilnahme am Begräbnis baten, dessen Termin sie ebenfalls bekannt gaben.

Die Bayerische Staatszeitung berichtete über die Aufgaben des Leichenbitters, festgehalten in der Oettinger Leichenordnung von 1880: »Zur Besorgung der erforderlichen Gänge und Bestellungen beim Eintritte eines Todesfalls sind dahier zwei Leichenbitter aufgestellt, deren Dienstleistungen den Angehörigen ihrer Confession gilt.

Sie haben den Leichenkondukt zu ordnen. Die Leichenbitter sind die öffentlich beauftragten Personen, welche Alles, was zum Vollzuge von Beerdigungen zu veranstalten ist, zu besorgen haben. Dem Leichenbitter, welcher im Dienste stets nüchtern zu sein und jederzeit ein anständiges Benehmen an den Tag zu legen hat, obliegt, zur Leichenbestattung zu bitten.«

Der Leichenbitter war bei jeder Beerdigung für den korrekten Ablauf der Trauerfeier verantwortlich. Zu seinen Aufgaben gehörte es unter anderem, den Sarg und das Totenhemd im Einvernehmen mit den Hinterbliebenen zu bestellen. Die Vorschrift besagt, dass Totengräber und Leichenbitter – die Bekleidung war genau vorgeschrieben – den Sarg nach der Einsegnung der Leiche aus dem Sterbezimmer zu tragen und in den Leichenwagen zu schieben hatten. Leichenbitter und Totengräber gingen beim letzten Weg zu beiden Seiten des Leichenwagens.

Vor allem in Bayern hatte der Leichenbitter auch noch die Tätigkeit des Hochzeitbitters und Totengräbers zu erfüllen. Beim königlich-bayrischen Amtsgericht rechtfertigte der angeklagte Totengräber – Anklage wegen Irreführung der Öffentlichkeit, er hatte für die »lebende pumperlgesunde Altbäuerin« zur Leiche gebeten – sich mit den Worten: »Wann niemand heiratet und niemand stirbt, der Pfarrer, der Mesner, der Totengräber verdirbt.«

DAS TOTENGRÄBERLIED
Grabe, Spaten, grabe,
Alles, was ich habe,
Dank' ich, Spaten, dir!
Reich' und arme Leute
Werden meine Beute,
Kommen einst zu mir!
(Ludwig Christoph Heinrich Hölty, 1748-1776)

Ein Hinweisschild auf dem Ohlsdorfer Friedhof Hamburg, das die »Schwarze Bude«, die damalige Unterkunft der Totengräber anzeigt, besagt: »Etwa an dieser Stelle standen ehemals einfache Holzbaracken als Unterkünfte für Friedhofsarbeiter. Hier waren jene Totengräber untergebracht, die im Spätsommer 1892 Tag und Nacht die Opfer der Cholera-Epidemie auf der gegenüberliegenden Straßenseite bestattet haben. In Erinnerung an jene Zeit entstand die nunmehr 100-jährig, aber fast vergessene Bezeichnung "Schwarze Bude". Mit diesem Namen wurden auch die nachfolgenden Gebäude (1912 bzw. 1955 errichtet) friedhofsintern bezeichnet.« (Förderkreis Ohlsdorfer Friedhof e.V., September 1992)

1892 – als Cholera-Leichen in der Nacht mit Möbelwagen zur Beerdigung nach Ohlsdorf gefahren wurden, waren Kuhlengräber und Liekendräger (norddeutsch: Totengräber) keine angenehmen Berufe. Um sich gegen die unheimliche Krankheit zu schützen, gab man ihnen von Staats wegen ein Gläschen Alkohol zur »innerlichen Verwendung«. Damals hieß es bei ihnen, wenn sie die Massengräber aushoben: »Rum oder rin!«

Vom unehrlichen Beruf zum »Versenkung-Ingenieur«

Die Heimatchronik von Krumbach in der Buckligen Welt (Niederösterreich) berichtet:
»Die ›Lichtfeier‹ 7. Oktober 1951 – der Schlusspunkt der Elektrifizierung.

Erzbischof Innitzer zelebrierte die Dankfeldmesse vor der Wallfahrtskirche Kaltenberg. Unsere Christenseelen sanken demütig in die Knie und alle gedachten der schönen Subventionen für Milch, Fleisch, Maschinen und Elektrifizierung.

Gottesdienst und Fahrt hatten Seelen und Mägen der Festgäste wieder angeregt, die Edlitzer Würsteln waren verdaut und nach einer Stärkung in Lichtenegg bekam die ›Lichtfeier‹ erst Sinn und Schwung. Man freute sich aufs Mittagsmahl beim Schandlbauer in Krumbach.

Hier hatte sich eine eindrucksvolle Menschenmenge von zirka 150 Krumbachern eingefunden, die in ehrfürchtiger Neugier und respektvoller Entfernung den Empfangsfeierlichkeiten entgegensahen.

Als die Festgäste anrückten, steckte unser Bürgermeister noch in einem rückwärtigen Wagen, als der Bundeskanzler Leopold Figl bereits seinem Wagen entstieg, und konnte deshalb noch nicht zur Stelle sein. So sah sich Figl einer unheimlichen Stille und Leere gegenüber, in seinem Blickwinkel bewegte sich nur ein einziges Lebewesen: das war der durch etliche Viertel gestärkte Nachtwächter und Totengräber. Figl schwenkte leutselig den gamsbartgeschmückten Hut, und der Totengräber fühlte sich irgendwie sympathisch angezogen, und sie bewegten sich aufeinander zu.

Die Anwesenden hielten den Atem an. Freundlicher Händedruck und herzliche Worte. Figl stellte dem Nachtwächter/Totengräber die Festgäste vor und entschwand ins Wirtshaus – alles hatte geklappt. Erstens erhielt die Heimat elektrische Kraft und zweitens der Totengräber als Partner des Bundeskanzlers den Titel ›Versenkungs-Ingenieur‹.« So hat sich alles in Wohlgefallen aufgelöst.

* * *

Auf die Frage, was soll einmal auf seinen Grabstein stehen, antwortete der Totengräber von Innsbruck-Maria Hilf, Bernhard Müller: »Hier ruht in Gott der Müller Falott.«

* * *

Völlig zu Unrecht haftet der Tätigkeit des Totengräbers – »Bei diesem Job muss man ja stockbesoffen sein!« – auch heute noch oft etwas »Unehrenhaftes« an. Dieser Beruf ist ein Beruf wie jeder andere – oder vielleicht nicht? Bei jeder Witterung, ob bei Eiseskälte, Sturm, Regen oder »Affenhitze«, und bei noch so schwierigen Bodenverhältnissen verrichtet der Totengräber brav seinen Dienst – früher oder später für uns alle einmal.

Ehrenbuch für Totengräber

Auf dem ehemaligen Schmelzer Friedhof (heute Märzpark, Wien 15) stand dieses Epitaph für die Totengräber, Leichen-Conduct-Ansager und Kirchendiener der Pfarren St. Ulrich und St. Laurenz, die auf der rechten Seite namentlich mit Daten genannt sind. Die Inschrift des linken Seitenflügels lautet:

Hier ruhen die Todtenträger der Hochlöblichen Pfarren
zu St. Ulrich und St. Laurenz.
Wir tragen oft mit saurem Schweis',
Der Erden zu, zu einer Speis:
Jetzt kommt der Tod, klopft an bey mir
Verweile nicht und geh' mit mir
Die Stund' ist aus, du musst hinaus
Wo die Lerchen Lieblich singen
Da liegen wir bey diesen Thor,
Bis Sie mehrere werden bringen.
Ach Lieber Freund, geh' nicht vorbey,
Bitt Gott, gib uns den Frieden
O Herr! Gib Ihnen die ewige Ruhe.

Der Totengräber in der Literatur

Zahlreiche literarische Werke, etwa Shakespeares »Hamlet«, führen Totengräber ein, um ihnen Ungeschminktes über die »Letzten Dinge« in den Mund zu legen.

In Wolfgang Borcherts »Jesus macht nicht mehr mit«, wo Soldaten einer Strafkompanie massenhaft Gräber schaufeln müssen, verweigert der Titelheld am Ende diesen niedrigsten Dienst.

Humoristisch wird der Beruf des Totengräbers in nahezu jeder Ausgabe von »Lucky Luke« aufgegriffen.

* * *

Hier unter diesem Leichenstein
Ruht eine Jungfrau: Rosa Klein,
Sie suchte lang vergebens einen Mann,
Zuletzt nahm sie der Totengräber an.
(Marterlspruch)

Der gar nicht so traurige
Leichenschmaus

Den Abschluss einer Trauerfeier bildet allemal der Leichenschmaus. Das Totenmahl, oder wie es in ländlichen Gemeinden heißt, die »Zehrung«. Darüber ist schon viel geschrieben und auch gespottet worden.

Die Totenmähler sind bereits im 16. Jahrhundert verbreitet gewesen. Ein Wiener Prediger tadelte im Jahre 1573 diese »sündhafte Üppigkeit«, die wie bei Hochzeiten und Kindstaufen sich jetzt auch bei Begräbnissen bemerkbar mache.

Dieses Traueressen gibt den Verwandten, Nachbarn, Freunden und Bekannten noch einmal die Möglichkeit, bei einem gemeinsamen Mahl die Familien- und Freundschaftsbande zu festigen. Meist ist die Stimmung bei diesen »Leichenschmäusen« gar nicht so traurig ... Sehr oft gibt nur die Trauerkleidung darüber Aufschluss, dass es sich nicht um eine fröhliche Familienfeier handelt. Pietätlosigkeit ist dies aber nicht, sondern eher Zeichen der Lebensbejahung.

Meistens ist es auch ganz im Sinne des Verstorbenen, wenn bei seiner Trauerfeier nicht gespart wird und die Leute sich gut unterhalten. Man wünscht sich schließlich eine »gute Nachred«. Dementsprechend wird kulinarisch aufgekocht. Im »heiligen Land Tirol« kamen 1896 bei einem Totenmahl folgende Speisen auf den Tisch:

Nudelsuppe mit Würsteln, Knödel, Eingemachtes, Kraut, Rindfleisch mit gerösteten Erdäpfeln, Bohnen und Rettich, Nigelen[18], Guglhupf[19]

Wobei man nicht vergessen sollte, dass dies eine wirkliche Wegzehrung für alle jene war, die von weither gekommen waren und nach der Festivität denselben beschwerlichen Weg wieder zurücklegen mussten.

Der Vorbeter, der zu Beginn des Totenmahles die Trauergesellschaft aufforderte, drei »Vater unser« und drei »Gegrüßet seiest du Maria« für den Verstorbenen zu beten, unterbricht die sonst allzu heitere Atmosphäre mit den Worten: »So, jetzt beten wir gemeinsam für den aus unserer Runde, der als Nächster stirbt.«

---

18   sehr nahrhafte Süßspeise aus Hefeteig
19   Napfkuchen

Leichenschmaus-Grammelstrudel[20]
für den besonderen Anlass

Der Wiener Neustädter Koch und »Strudelkönig« Johannes Schandl hat 2008 einen deftigen Strudel für diesen besonderen Anlass des Leichenschmauses kreiert. Das Rezept dürfen wir an dieser Stelle mit seiner freundlichen Genehmigung bekannt geben:

---

20 pikante Mehlspeise mit Griebenfüllung

Strudel: 1 Packung Strudelblätter
Fülle: 1.000 g Kartoffeln, 400 g Grammeln (Grieben),
2 Zwiebeln, 2 Eier, 2 zerdrückte Knoblauchzehen,
Salz, Pfeffer, Majoran, Schmalz
Backzeit: 30 Minuten, Backtemperatur: 180 Grad
Zubereitung: Kartoffeln kochen, eine Hälfte passieren,
die andere Hälfte würfelig schneiden. Gehackte Zwiebeln in Schmalz goldgelb anrösten, Kartoffelwürfel mitrösten. Grammeln (Grieben), Knoblauch und Gewürze beifügen und ebenso mitrösten. Danach mit den passierten Kartoffeln, Eiern und der gehackten Petersilie vermengen und die Masse auf den Strudelteig auftragen.

Dieser Strudel eignet sich als Beilage zu diversen Fleischgerichten, oder man serviert ihn mit beliebigem Gemüse als Beilage.

* * *

Die Leichenschmaussspezialität
»Grammelstrudel«

Die Wirtin serviert mit stämmig-feistem Arm,
einen Grammelstrudel deftig warm.
Der Strudel glänzt und schwitzt in seinem Fett,
wird duftend präsentiert auf dem Tablett.
Ein freudig Raunen geht durch den Saal,
man freut sich auf dieses Totenmahl.
Nur eines sei erlaubt, wir sagen es frei heraus,
das nächste Mal treffen wir uns gleich
beim Leichenschmaus.
(Karl Laubblätter)

Kuriose letzte Wünsche

Dass sich auch immer mehr Prominente zu Lebzeiten mit der Sterblichkeit auseinandersetzen und dabei dem Tod mit reichlich Esprit und Humor begegnen, beweisen folgende Aussagen:

»Für mich stand schon im Alter von fünf Jahren fest, dass ich an der Schwelle des Todes stehe.« *(Woody Allen, Schauspieler und Regisseur)*

* * *

»Meine Autobiografie erscheint am Tag nach meinem Tod. Die ersten zwölf Exemplare gehen an das Finanzamt.« *(Bernie Ecclestone, Formel-1-Legende)*

* * *

Der 54-jährige Konzeptkünstler Karl-Friedrich Lentze wünscht sich nach seinem Ableben zwar nur eine ganz normale Erdbestattung, allerdings möchte er, wenn es so weit ist, nicht alleine im Sarg liegen. Deshalb bat er Anfang 2002 in einem Schreiben an das Friedhofsamt seiner Heimatstadt Schwerin um Erlaubnis, zusammen mit einer Gummipuppe bestattet zu werden. Das Friedhofsamt bewilligte den Antrag, verfügte aber, dass die Puppe aus Umweltschutzgründen vollständig aus Latex gefertigt sein müsse. »Latex stinkt zwar fürchterlich«, so Lentze, »aber glücklicherweise werde ich nicht mehr in der Lage sein, den Gestank wahrzunehmen.«

* * *

In Großbritannien erfüllten Freunde und Verwandte einem verstorbenen ehemaligen Soldaten seinen letzten Wunsch und trugen ihn in seinem Sarg noch einmal in seine Stammkneipe, dem Bugle Inn in Titchfield. Dort stellten sie den Sarg an der Bar ab und tranken eine Runde auf den Verstorbenen. Der 93-Jährige hatte, abgesehen vom Zweiten Weltkrieg, während der letzten 77 Jahre jeden Tag diese Kneipe aufgesucht, um dort sein Bier zu trinken.

* * *

Der britische Bestatter Terry Fisher über Extrawünsche

seiner Kunden: »Ich arbeite bei einem Londoner Bestattungsunternehmen und bin für die letzten Wünsche zuständig.

Kürzlich bat die Witwe eines Motorrad-Fans, dass der Sarg ihres Mannes mit dem Motorrad zur Kirche gefahren wird. Bei einem Priester außerhalb Londons fand ich eine alte Triumph mit eingebautem Leichenbegleitwagen. Es ist der einzige Motorrad-Leichenwagen in England.

In meinem Job erlebt man eine Menge Ungewöhnliches. Einmal mussten wir für einen Mann, der sich durch den Sturz aus einem Fenster das Leben genommen hat, den Song ›I Believe I Can Fly‹ spielen. Ich glaube aber nicht, dass das sein letzter Wunsch war.«

Es geht eine Asche auf Reisen

Ob ihn der Nespresso-Werbespot, in dem ihn ein Klavier ins Jenseits befördert, wohl dazu inspiriert hat? George Clooney macht sich nämlich Gedanken über seine Überreste:

In einem Interview erzählte er kürzlich, dass er sich verbrennen lassen und seine Asche an Freunde verschenken will. »Jeder wird dann einen Teil der Asche an einem Ort verstreuen müssen, an den ich nie gereist bin«, erzählt der US-Schauspieler.

So würde der Hollywood-Star noch einmal eine letzte Reise rund um die Welt antreten.

* * *

»Ich bin alt.
Aber das ist viel besser als die andere Option,
nämlich tot zu sein.«
(George Clooney)

Espressokocher als Urne?

Tradition verpflichtet. Der Name Bialetti ist vielen ein Begriff, ist er doch auch zum Synonym für die wohl bekannteste Espressokanne der Welt avanciert – die Bialetti. Sie ist achteckig, aus Guss, und die schwarze Comicfigur mit riesigem Schnauzer ist ihr Erkennungsmerkmal. Erfunden hatte die „Moka Express" Alfonso Bialetti in den Dreißigern. Der Entwurf wurde stets weiterentwickelt, doch das Einzige, was sich wirklich nie geändert hat, war die Form. Die hat mittlerweile Kultstatus. Seit den frühen Fünfzigern konnte das Unternehmen 200 Millionen Stück verkaufen. Sie alle haben eines gemeinsam – dieselbe oder zumindest eine ähnliche Formensprache.

Fünfzig Jahre später wird damit klar, dass anspruchsvolles Design auch fünf Jahrzehnte später eine Berechtigung hat. Im Februar 2016 ist sein Sohn Renato (95) gestorben, das Begräbnis fand im italienischen Casale Corte Cerro statt. Die Pointe der Geschichte? Renatos Asche wurde in einer Espressokanne beigesetzt. Eine Verbundenheit, die selbst vor der Ewigkeit nicht haltmacht.

(ankica.nikolic@kurier.at)

Königin Margrethe: Sarg ist bestellt

Kurz vor ihrem 70. Geburtstag hat Dänemarks Königin Margrethe II. die Weichen für ihre letzte Ruhe Seite an Seite mit Ehemann Prinz Henrik gestellt.

Wie die Nachrichtenagentur Ritzau berichtete, hat die Königin, die sich bester Gesundheit erfreut, einen Sarkophag aus Glas, der auf mit Elefantenköpfen verzierten, edlen Steinsäulen steht, in Auftrag gegeben. In einer Kapelle des Doms von Roskilde soll er als Grabstätte dienen.

In dieser Kirche werden die Särge der dänischen Könige seit über tausend Jahren sichtbar aufgebahrt.

Ioan Holender: »Ich erlebe mein eigenes Begräbnis«

Staatsopern-Direktor Ioan Holender teilte im Februar 2007 völlig überraschend seinen Abschied von der Wiener Staatsoper mit: »Von mir fällt eine Last ab. Ich lese plötzlich Dinge über mich, die ich sonst erst nach meinem Begräbnis gelesen hätte. Ich wusste nicht, welche Wertschätzung ich hier genieße. Das erfüllt mich mit ungeheurer Dankbarkeit und Freude. Es ist so, wie wenn ich hinter meinem eigenen Sarg hergehen dürfte.«

Margit Leidinger

Für die Reinigung des Lady-Diana-Memorials erhielt die österreichische Stein-Expertin sogar einen Adelstitel: Freeman of London. Wie wäre somit die korrekte Anrede? »Am einfachsten immer noch Margit Leidinger, aber Freiherrin wäre dennoch schön.« Und was soll einmal auf Ihrem Grab in Stein gemeißelt stehen? »Nachdem wir auch Grabsteine verkaufen, schockiert mich diese Frage nicht: ›Königliche Steinpflegerin‹ wäre doch schön.«

Charles Aznavour

Schauspieler, Chansonnier und Botschafter seines Heimatstaates Armenien Charles Aznavour besitzt im Süden von Paris eine Familiengruft auf dem Friedhof von Montfort-l'Amaury. Die in einen romantischen Kreuzgang aus dem 13. Jahrhundert integrierte Grabstätte ist für zwölf Personen vorgesehen: »Wenn wir eng zusammenrücken, passen zur Not auch 14 hinein.« Armenisches Sippendenken und Familiensinn werden ihn bis ans Ende seiner Tage begleiten.

Giuseppe Verdi

Der weltberühmte Komponist hatte bereits zu Lebzeiten ein Altersheim für verdiente Sänger und Musiker gestiftet. Seine Bedingung war, dass die staatlichen Stellen seinem Wunsch zustimmten, statt auf dem Mailänder Friedhof in seinem Altersheim bestattet zu werden. Am 26. Februar 1901 wurden der Meister und die zwei Jahre vor ihm verstorbene Gattin Giuseppina im Oratorium der »Casa di Riposo« beigesetzt.

Elisabeth Flickenschildt

Die Schauspielerin Elisabeth Flickenschildt starb am 26. Oktober 1977. Die Grabstelle hatte sie sich schon Jahre zuvor auf dem Friedhof von Hittenkirchen nahe dem Chiemsee gesichert. »Dort blühen die Blumen am schönsten!«, hatte ihr die Friedhofsgärtnerin geraten.

Was steht auf Ihrem Grabstein?

Auf die Frage »Was soll einmal auf Ihrem Grabstein stehen?« lautet die häufigste Antwort: Mein Name. Auf dem Ohlsdorfer Parkfriedhof, Hamburg, finden sich allerdings einige seltsame Grabinschriften:

Obdachlos als Leiche
(Graffito auf einem historischen Grabstein)

* * *

Familie Linke
Zwischenstation

* * *

Mr. Music
(in Form einer Schellack)
Strawberry Fields Forever

* * *

Ruhe sanft / Wir kommen

* * *

Nicht minder bemerkenswert, was Marilyn Monroe (1926–1962) Jahre vor ihrem Tode einem Reporter auf einer Flugreise als ihren Grabinschriftwunsch anvertraute, während über der Wüste Arizonas für Augenblicke der Motor der kleinen Maschine ausfiel: *Hier liegt Marilyn Monroe, 37–22–35* (Es handelt sich nicht um ihre Telefonnummer, sondern um ihre Maße in Zoll).

* * *

Möge es auch keinen von uns zu früh ereilen, darüber zu räsonieren, so empfiehlt sich doch die fatalistische Grundhaltung, die der sterbenskranke Walter Matthau (1920–2000) noch bei seinen letzten Auftritten bewies: »Mein Arzt gab mir nur noch ein halbes Jahr zu leben – als ich die Rechnung nicht bezahlen konnte, gab er mir *noch* ein halbes Jahr.«

* * *

Der Westernheld John Wayne (1907–1979) ließ noch zu Lebzeiten seine Mentalität in Granit hauen: *Feo, fuerte y formal,* zu Deutsch etwa: *Er war hässlich, er war wild, aber er hatte Würde.*

* * *

Der nicht minder harte Haudegen Ernest Hemingway (1899–1961) hingegen verfügte allen Ernstes: *Bitte verzeihen Sie, wenn ich nicht aufstehe.*

* * *

Denselben unsterblichen Sinn für Selbstironie bewies auch Clark Gable (1901–1960) mit seinem Vorschlag: *Zurück zum Stummfilm.*

* * *

Während der Schauspieler Gregor Seberg meinte: »Auf meinem Grabstein soll draufstehen: *Ich wär jetzt auch lieber am Strand.*«

* * *

Sir Peter Ustinov (1921–2004) ging noch einen (letzten) Schritt weiter: *Bitte den Rasen nicht betreten!*

* * *

Lapidar, lakonisch und voll Lebensklugheit, was Willy Brandt (1913–1992) den Besuchern seines Grabes mitteilt: *Man hat sich bemüht.*

* * *

Vom deutschen Schriftsteller und Kirchenkritiker Karlheinz Deschner (geb. 1924) stammt der Ausspruch: »Das einzig Wahrheitsgemäße auf einem Grabstein ist das Todesdatum.«

Aus Leichenasche wird Langspielplatte

Schallplattenfreunde können für den Fall ihres Todes dafür sorgen, dass die englische Firma »And Vinyly« aus der Asche eine LP presst. Zu Lebzeiten empfiehlt sich das Buch »His Master's Voice« (Herbert Haffner), das die Geschichte der Schallplatte informativ und mit viel Schwung erzählt. Wagners »Meistersinger« waren einst 43 Schellacks, dann fünf LPs – und heute? Nichts als ein Mausklick.

Letzte Grüße aus dem Jenseits
per neuem Facebook-App

Wenn Sie unerwartet und plötzlich sterben, können Sie auf Facebook Ihren Liebsten trotzdem noch etwas sagen. Möglich macht dies das neue Facebook-App[21] »If I Die«[22]. Wie das funktioniert und was die makabren Botschaften aus dem Jenseits für einen Sinn haben sollen: Starten kann man das App unter Facebook, drei Personen müssen aus der Freundesliste ausgewählt werden. Per Webcam können Sie Ihre Botschaften aufnehmen – oder Sie können diese einfach aufschreiben. Wichtig: Bei den drei ausgewählten Freunden sollte es sich um vertrauenswürdige Personen handeln, denn diese müssen im Falle ihres Ablebens auch ihren Tod bestätigen. Geschieht das, wird ein letzter Gruß von Ihnen auf der Pinnwand veröffentlicht. Der Erfinder des App, Eran Alfonta, begründet seine makabre Erfindung so: Reale Abschiedsbriefe liegen zu lange in Schubladen herum, bevor sie von Familienmitgliedern per Zufall entdeckt werden. Digital kann der Verstorbene aber mit »If I Die« die letzten Gedanken in die Welt der Lebenden tragen.

Charlie Sheen grüßt aus dem Reich der Toten

Ende Juni 2012 lief Charlie Sheens TV-Sitcom *Anger Management* in den USA an. Im Trailer zur Serie liegt Sheen in einem Sarg, und eine Stimme verkündet, dass er tot sei, doch dann öffnet er die Augen – eine Anspielung auf seinen Serientod als *Onkel Charlie*, der Rolle, die ihm zu Starruhm verholfen hatte.

---

21 App = abgekürzt für engl. application (Anwendung)
22 Auf gut Deutsch: »Wenn ich sterbe.«

Reinhold Messner und die Geier

Bergsteigerlegende Reinhold Messner und Ex-Yeti-Jäger macht sich auch schon Gedanken um seine Beerdigung, die wie eine tibetanische Himmelsbestattung ablaufen sollte. Dabei wird der Tote auf einen Hügel gelegt, um von den Geiern gefressen zu werden.

Wer »in« sein will, geht mit dem »Auto« auf die allerletzte Reise

Die englische Firma »Crazy Coffins« lud zu einer Messe der etwas anderen Art nach London: Präsentiert wurden schrille Auto-Särge in Maßanfertigung für die ewige Ruhe. Dazu passt die folgende Geschichte:

Ein Autonarr, der seinen Mercedes 300 D über alles liebte, war Grover McIntyre aus dem US-Bundesstaat Pennsylvania. Tochter Muriel ließ ihren Vater 1990 deshalb standesgemäß bestatten: in einem silberfarbenen Sarg mit Mercedes-Kühlergrill, Stoßstangen, Rückleuchten und einem Nummernschild mit Grovers Initialen GM.

Komm, süßer Tod!

Auf der britischen Kanalinsel Guernsey kann man Särge ganz nach Wunsch und Persönlichkeit des teuren Verblichenen anfertigen lassen, zum Beispiel in Form einer Bonbonniere-Schachtel, eines Valentin-Herzen oder – sollte der Verstorbene besonders gerne »Katzenzungen« genascht haben, dann ist auch diese Möglichkeit erfüllbar.

Sterben wie ein Indianer

Der Schauspieler Jack Nicholson hält sich für zu klaustrophobisch, um im Sarg bestattet zu werden. Besser gefiele Jack eine indianische Bestattung in den Bäumen, damit er von den Vögeln gefressen wird …

Claus Peymann will neben Brecht begraben sein

Der frühere Burgtheaterdirektor und jetzige Leiter des Berliner Ensembles möchte gern einmal am schönen Dorotheenstädtischen Friedhof in Berlin neben Kulturgrößen wie Brecht, Weigel, Heiner Müller, Minetti, Tabori, Hegel und Fichte begraben sein. »Da würde ich in guter Nachbarschaft liegen. Da ich nicht Ehrenmitglied des Burgtheaters geworden bin, kommt der Wiener Zentralfriedhof also für mich nicht in Frage«, so der 75-Jährige in der Berliner Zeitung.

Letzte Wünsche

Die Bestellerin der Trauerfeier bat um Erfüllung der letzten Wünsche ihres Onkels. Die Nichte meinte zu diesen Wünschen, diese wären ausdrücklich im Testament verfügt worden:

Er möge bekleidet werden mit warmen Socken und einem dicken Pullover, damit er nicht erfriere. Das schwere Handkreuz solle in die Hände gelegt werden, damit er im Falle des Scheintodes auf den Sargdeckel klopfen könne. Der Sargdeckel möge nicht zugeschraubt werden. Der Rettungsarzt genüge ihm nicht, sein Hausarzt müsse ihn noch einmal untersuchen, ob er auch wirklich tot sei.

* * *

Unter den mutmaßlichen Todesursachen
unserer Verstorbenen sollte auf den
amtlichen Papieren vorsorglich auch der Name
des behandelnden Arztes aufgeführt werden.
(Sigmund Graff)

* * *

Die Ärzte haben es am besten von allen:
Ihre Erfolge laufen herum, und
ihre Misserfolge werden begraben.
(Jacques Tati)

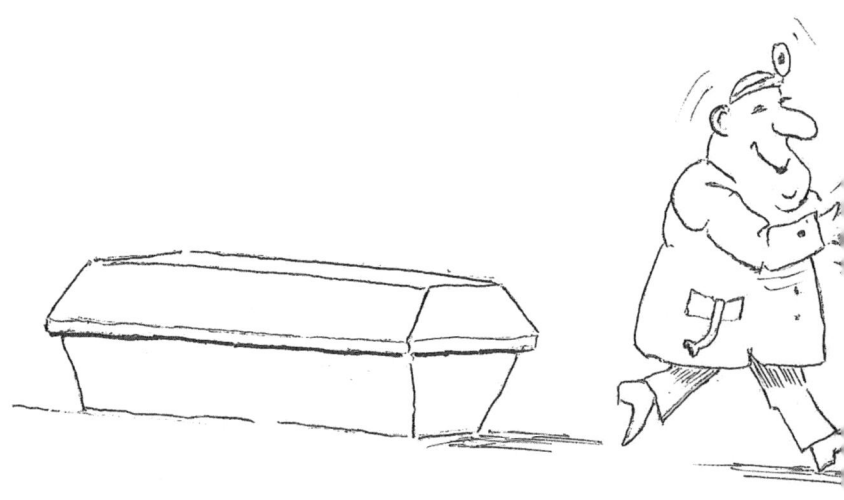

Der Pathologe Hans Bankl empfiehlt den Bestattern daher zu Recht:

1. Tot ist nur der, bei dem Totenstarre, Totenflecken und Fäulniserscheinungen auftreten.

2. Die Chance, mit einem Fall eines sogenannten Scheintoten zusammenzutreffen, ist wie beim Lotto. Die Unwahrscheinlichkeit geht in die Millionen, aber alles ist möglich.

* * *

»Die richtige Leich im richtigen Sarg
zur richtigen Zeit am richtigen Ort«
(Bestattergrundsatz)

* * *

Schicksalsstunde

»Der Schein trügt«, sagte der Scheintote
zum Fahrer des Leichenwagens, der die
Klopfgeräusche seinem Motor zugeschrieben hatte.

»Darf ich aufstehen?«

Am 11. Juni 2006 berichtete »Bild am Sonntag«: Die Angehörigen trauern, ein Arzt kommt zur Leichenschau – und dann meldet sich höflich die »Verstorbene« zu Wort: »Darf ich aufstehen?« Tot? Nein, Maria M. war nur in eine tiefe Ohnmacht gefallen, wie der Arzt feststellte, als er ihr Herz mit einem EKG-Gerät untersuchte.

Maria M. hat den Schreck jedenfalls gut überstanden. Verschmitzt sagte sie: »Ich lasse mir doch nicht die Fußball-Weltmeisterschaft entgehen.«

Auferstehung von den Lebenden

Sollten Sie einmal beschließen, das Zeitliche zu segnen, von uns zu scheiden oder einfach nur den Löffel abzugeben, achten Sie bitte auf den nötigen Nachdruck. Sonst ergeht es Ihnen womöglich wie der 84-jährigen Polin, die für tot erklärt worden war und im Leichenschauhaus wieder aufwachte. Das kam laut einem Bericht in der Zeitung KURIER vom 15. Juni 2009 so: Die Dame aus Polen war von ihrem Mann bewusstlos aufgefunden worden, er rief die Rettung an, ein Doktor stellte den Tod der Patientin fest, die Familie begann mit den Vorbereitungen für die Bestattung. »Einige Stunden später bemerkte ein Angestellter, dass der Sack mit der Leiche drin zappelt. Er alarmierte einen Arzt, der feststellte, dass die Lebensfunktionen zurückgekehrt sind«, sagte ein Polizeisprecher. Die Frau wurde sofort ins Krankhaus gebracht, jetzt kann sie sogar schon über die wundersame Auferstehung von den Lebenden lachen. »Schön, dass du wieder da bist, aber ich habe bereits einen Kranz mit der Aufschrift ›In ewiger Liebe‹ bestellt und bezahlt«, sagte ihr Ehemann.

* * *

Und ich möchte dieses Kapitel über den Scheintod mit dem Text eines Wienerliedes[23] beenden:

»Auf mein Grab,
da schüttet mir hinauf ein Glaserl Wein,
dann spielt's a Wienerlied,
zum Beispiel ›Erst wann's aus wird sein‹;
und wann i dann beim letzten Takt net applaudier,
dann haut's den Deckel zua,
weil dann is's aus mit mir!«

---

23   »Erst wann's aus wird sein«, Musik Hans von Frankowski (1888–1945), Text Franz Prager (1897–1935)

Eben war der Sarg noch da

Wo ist Flicks Leiche?

Der unvorstellbar reiche Friedrich Karl Flick musste sich Zeit seines Lebens vor Entführern fürchten, die es auf sein Geld abgesehen hatten. Im November des Jahres 2008 wurde die Leiche des Milliardärs aus seinem Mausoleum in Velden am Wörthersee gestohlen. Flick war zwei Jahre zuvor im Alter von 79 Jahren nach schwerer Krankheit in seiner zum Hochsicherheitstrakt ausgebauten Villa am Wörthersee gestorben. Ein Friedhofsbesucher hatte Beschädigungen am Granitstein bemerkt und die Polizei verständigt.

Bei der Inspektion der Grabstätte wurde dann offenbar, dass der 200 000 Euro teure Zinn-Sarkophag samt Leiche verschwunden war. Die Täter hatten mit entsprechenden Geräten die drei jeweils rund 300 Kilo schweren Granitplatten der Grabstätte in Velden geöffnet. Der mindestens 200 Kilo schwere Sarg mit dem Leichnam wurde dann aus dem Grab entwendet. In einem Erpresserschreiben forderten die Diebe von Flicks Witwe sechs Millionen Euro Lösegeld. Der Sarg des Friedrich Karl Flick wurde 2009 in einem Wald in Ungarn gefunden. Ende gut, alles gut! Seit Dezember 2009 ruht der Verblichene wieder in seinem Mausoleum in Kärnten. Die vermutlichen Sargräuber müssen sich in Budapest wegen Erpressung und Störung der Totenruhe vor Gericht verantworten.

Von wegen ewige Ruhe

In der ersten Zeit nach seinem Tod fand Charlie Chaplin in seiner letzten Ruhestätte alles andere als Ruhe. Am 27. Dezember 1978 war der berühmte Schauspieler auf dem Friedhof des kleinen Schweizer Dorfes Coursier-sur-Vevey in der Nähe seines Wohnsitzes beigesetzt worden.

Am 1. März 1979 wurde der schwere Eichensarg mit Chaplins Leichnam heimlich zutage befördert und an den bescheidenen Grabsteinen der Dorfbewohner vorbei über eine niedrige Steinmauer geschafft. Dann verschwand der Sarg in der Nacht. Das leere Grab wurde am nächsten Morgen entdeckt. Man vermutete, Chaplins Witwe Oona, die Haupterbin seines großen Vermögens, könnte erpresst werden. Und tatsächlich – sieben

Wochen nach Verschwinden des Sarges erhielt Oona Chaplin einen Anruf, in dem 600 000 Dollar für die Rückgabe des Leichnams gefordert wurden. Sie weigerte sich jedoch zu zahlen. Es folgten weitere Anrufe, in deren Verlauf es Chaplins Witwe gelang, die Lösegeldsumme herunterzuhandeln. Als die Erpresser nur noch 125.000 Dollar verlangten, hörte die Polizei über die Leitungen der Chaplins mit und hatte 200 Telefonzellen im näheren Umkreis unter ihrer Kontrolle. Tatsächlich konnte die Polizei die Verbrecher in einer öffentlichen Telefonzelle in Lausanne dingfest machen und verhaften. Sie wurden der versuchten Erpressung und »Ruhestörung eines Verstorbenen« beschuldigt und gestanden, Chaplins Sarg auf ihren Wagen geladen und auf einem 20 Kilometer entfernten Kornfeld verscharrt zu haben. Da sich die Grabschänder nicht mehr genau an die Stelle im Kornfeld erinnerten, machte man den Sarg mit einem Detektor ausfindig. Chaplin wurde an seinem ursprünglichen Platz in seiner Gruft wieder bestattet.

Montesquieus verschwundene Gebeine

Die Getreuen des großen französischen Denkers Charles de Secondat Baron de Montesquieu brachten während der Französischen Revolution die Gebeine des demokratischen Lehrmeisters in die Katakomben von Paris, um sie vor den Jakobinern zu schützen. Als Montesquieu später ruhmvoll in die Gedächtnisstätte Pantheon überführt werden sollte, waren die Überreste verschwunden.

* * *

Immer wieder versuchten Gangster, mit geraubten Toten Geld zu machen. Dabei kam es gelegentlich zu kuriosen

Verwechslungen. In der argentinischen Stadt Gualeguay beispielsweise drangen Grabräuber in eine Gruft ein, in der zwei Särge standen. Sie wollten den Sohn eines berühmten Unternehmers stehlen, nahmen aber stattdessen den Leichnam des Vaters mit. Keinen Peso bekamen die Räuber für den Vater.

* * *

Im März 2001 verschwand aus einem Friedhof am Lago Maggiore der Sarg des ehemaligen Bankers Enrico Cuccia, der im Alter von 92 Jahren verstorben war. Die Grabräuber schickten einen Erpresserbrief an einen falschen Cuccia, riefen dann bei der Bank an und wurden kurz darauf festgenommen.

Mary von Vetsera

Im Juli 1991 entwendete ein Österreicher mit zwei Komplizen die sterblichen Überreste von Mary von Vetsera, der Geliebten des Kronprinzen Rudolf. Die beiden waren 1889 unter mysteriösen Umständen zu Tode gekommen. Nun wollte der Sargdieb das »Rätsel von Mayerling« lösen. Erst ein Jahr später informierte der Grabräuber selbst die Polizei über den Sargdiebstahl, und anschließend konnten die sterblichen Überreste in einer Wiener Spedition sichergestellt werden. Schon im April 1945 wurde die Gruft von sowjetischen Soldaten geplündert. Nach deren Abzug wurden die Schäden nur oberflächlich behoben. Zu einer Neubestattung kam es erst am 7. Juli 1959. Dabei wurden die sterblichen Überreste in einen neuen Zinnsarg umgebettet.

Tatort Zentralfriedhof: Grabräuber stahl die Zähne von Strauß und Brahms

Es klingt unglaublich, aber es ist wahr. Ein tschechischer Grabräuber, Inhaber eines Zahnmuseums bei Prag, verschaffte sich die Gebisse unserer berühmten Komponisten Johannes Brahms (Gruppe 32A, Nr. 26) und Johann Strauß Sohn (Gruppe 32A, Nr. 27). Mit einer Kneifzange bewaffnet, schleicht der Zahndieb über den Zentralfriedhof, hebt die Gruftdeckel von Strauß und Brahms zur Seite, holt mit einem Spezialwerkzeug die Schädel aus dem Sarg und entnimmt die Gebisse. Auf seiner Homepage zeigt der Grabräuber die »Trophäen« seiner nächtlichen Beutezüge. Da die Grüfte von Johann Strauß und Johannes Brahms nebeneinander liegen, war es recht bequem, beider Zähne zu stehlen. Seit Jahren sammelt der Direktor des bizarren Zahnmuseums bei Prag Zähne für die Wissenschaft, und zwar aus Gräbern in Tschechien, der Slowakei, Österreich und Ungarn. Übrigens: Die Prothese von Johann Strauß erwies sich als eine ausgezeichnete Arbeit, aus Gummi und Porzellan gefertigt. Es muss ein zeitgenössischer Wiener Zahnarzt gewesen sein. Jetzt ermittelt das Landeskriminalamt wegen Einbruchs und Störung der Totenruhe.

Autoknacker stiehlt Urne

Eine Urne mit der Asche eines Toten hat ein Dieb im deutschen Chemnitz aus einem Auto gestohlen. Eine Frau, die dort Verwandte besuchen wollte, hatte die sterblichen Überreste ihres Vaters aus Ungarn mitgebracht, offenbar damit »der Vater Weihnachten im Kreise der Familie mitfeiert«, meinte eine Polizeisprecherin. Die 41-Jährige hatte die Urne unter den Beifahrersitz ihres Autos versteckt, am nächsten Morgen aber war die

Aschenkapsel verschwunden. Da das Aschengefäß wie eine Vase aussah, dürfte der Dieb womöglich nicht gewusst haben, was er gestohlen hatte, erklärte die Polizei.

Sicher ist sicher

Aus Angst vor Grabräubern will die Familie von Whitney Houston den Sarg der Diva einzementieren lassen. Sie soll mit Schmuck um 800 000 Dollar beigesetzt worden sein.

Skrupellose Grabräuber bei Showmaster-Legende

Auch vier Jahre nach seinem Tod kommt Showmaster-Legende Rudi Carrell scheinbar nicht zur Ruhe. Skrupellose Grabräuber wollten die Urne des beliebten Entertainers auf einem Friedhof in Niedersachsen (Deutschland) ausgraben und stehlen.

Generationen wuchsen mit den Sendungen des Holländers Rudi Carrell auf. Am 7. Juli 2006 verstarb die Fernsehlegende nach einem langen, schweren Krebsleiden. Tausende Fans und Hunderte Größen aus Unterhaltungsindustrie, Politik und Wirtschaft nahmen damals auf dem beschaulichen Friedhof Heiligenfelde von dem Moderator und Sänger (»Wann wird's mal endlich wieder Sommer«) Abschied. Und genau hier ereignete sich nun – vier Jahre später – der unfassbare Frevel. Laut einem Bericht des »Berliner Kuriers« wollten Grabräuber nachts die Urne des Entertainers ausgraben und stehlen. Doch offenbar wurden die Täter gestört und ergriffen die Flucht.

Die Staatsanwaltschaft ermittelte wegen Störung der Totenruhe, die Urne von Rudi Carrell wurde sichergestellt.

Vor Urnenbeisetzung Aschenkapsel gestohlen

Nach der Einäscherung wollten sich die Familie und Freunde in der »Christus Episcopal Church« (USA) von dem Verblichenen verabschieden. Doch fünf Minuten vor Beginn der Trauerfeier die Schreckensmeldung: Der auf dem Altar abgestellte Rucksack samt eingepackter Urne war wie vom Erdboden verschluckt – dreiste Diebe hatten die Überreste von Marvin Kent Hockabout gestohlen. Die Polizei nahm sofort die Ermittlungen auf. Tage später dann die Erleichterung: Nach einem anonymen Hinweis wurde zumindest die Hälfte der Asche wieder gefunden. Unbekannte hatten diese in einen Karton umgeleert und in den Straßengraben geworfen …

Der gestohlene Schädel von Joseph Haydn

Der berühmte Komponist starb am 31. Mai 1809 im Wiener Vorort Gumpendorf. Er war der Lehrer Beethovens und Mozarts und galt als der schöpferische Vater des Streichquartetts.

Am 1. Juni 1809 zog der Trauerzug von der Gumpendorfer Pfarrkirche zum Friedhof »vor der Hundsturmer Linie«.

In alten Chroniken lesen wir nicht selten über Plünderungen von Grüften und Gräbern. Es ging diesen Leichenfledderern um Schmuck oder Wertgegenstände, die man den Toten mitgegeben hatte. Manchmal aber wurde die Grabesruhe auch aus ideellen Gründen gestört, von Leuten, die besessen waren von einer »Wissenschaft«, die an der Wende vom 18. zum 19. Jahrhundert hoch in Mode stand.

Der Anatom und Arzt Franz Joseph Gall, 1758 in Tiefenbronn bei Pforzheim geboren, hatte in Wien sein Medizinstudium abgeschlossen und sich als praktischer

Arzt niedergelassen. Seine besondere Aufmerksamkeit galt der Lehre, man könne aus der Beschaffenheit und der anatomischen Eigenart des menschlichen Schädels Charakter, Tugend, Laster, Genialität und anderes mehr herauslesen.

Man sammelte Menschenschädel wie Schmetterlinge oder Briefmarken, bestach Totengräber, erwarb die Totenschädel um viel Geld oder ging zur nächtlichen Stunde selbst auf die Jagd nach solchen Trophäen. Eines jedoch war Voraussetzung: Diese Totenschädel mussten von berühmten Persönlichkeiten stammen.

Acht Tage nach der Beisetzung wurde so auch Haydns Grab heimlich, still und leise noch einmal geöffnet, um den Schädel zu stehlen. Das Versteck des gestohlenen Schädels konnte zunächst nicht ermittelt werden, und daher wurden die sterblichen Überreste 1820 ohne Schädel nach Eisenstadt überführt und dort beigesetzt. Der Schädel wanderte durch etliche Hände, bis er 1895 in den Besitz der Gesellschaft der Musikfreunde in Wien gelangte, in deren Sammlung er sich bis 1953 befand. 1954 wurde das Cranium von der Städtischen Bestattung Wien im feierlichen Kondukt nach Eisenstadt überführt. Nach 145 Jahren ruhen nun endlich Kopf und Gebeine gemeinsam im Haydn-Mausoleum der burgenländischen Hauptstadt.

Makabre Spritztour mit Leichenwagen

Ein Bestatter aus Litschau (Niederösterreich) traute seinen Augen nicht: Sein Leichenwagen, ein Mercedes Kombi, war gestohlen worden. Die Diebe machten damit – ohne Leiche – eine Spritztour bis nach Passau. Dort ließen sie den Leichenwagen stehen, und der Bestatter konnte sein Auto erleichtert wieder übernehmen.

Übrigens: Die Diebe hatten bereits im Sommer 2011 ein Feuerwehrauto gestohlen! Welche Berufsgruppe darf sich wohl auf den nächsten Diebstahl freuen?

Polizei schleppt Leichenwagen ab

Die Polizei in Toulouse ließ einen falsch geparkten Leichenwagen mitsamt Sarg und Leiche abschleppen. Der Fahrer aus Lyon war mit dem Toten zur Bestattung nach Portugal unterwegs gewesen und hatte in Toulouse übernachtet. Am nächsten Morgen war sein Auto verschwunden.

Wie der Vizebürgermeister von Toulouse mitteilte, hätten die Polizisten nicht gewusst, dass es sich bei dem Fahrzeug um einen (noch dazu »besetzten«) Leichenwagen gehandelt habe. Der Bestatter musste 35 Euro für das Falschparken und 90 Euro für das Abschleppen bezahlen.

Neue heitere Geschichten über das Grab hinaus

Mein letzter Wille

In Deutschland lebte von 1767–1832 Karl Julius Weber, Jurist und Regierungsrat. Er war auch Schriftsteller, nahm als Pseudonym den Namen des griechischen Philosophen Demokrit von Abdera an und nannte sich »Demokritos«. Karl Julius Weber verfügte unter anderem in seinem Testament, dass auf seinem Grabstein folgende Inschrift stehen möge: »Hier liegen meine Gebeine. Ich wollt, es wären deine!«

Seine Familie erfüllte diesen letzten Willen natürlich nicht; es war ihr schon peinlich genug, dass er an alle die Bitte gerichtet hatte, an seinem Grab Zigarre zu rauchen und Purzelbäume zu schlagen.

»Scottys« letzte Mission im All endlich ausgeführt

Erst im zweiten Anlauf schaffte es die Asche von Schauspieler James Doohan, dem Darsteller des Scotty in der TV-Serie »Star Trek«, ins All. Sie befand sich an Bord einer Rakete, die vom kalifornischen Unternehmen Spacex ins All geschossen wurde.

Die Weltraumbestattungsfirma Celestis und Spacex hatte schon 2008 versucht, die sterblichen Überreste Doohans, der bereits im Jahr 2005 verstorben war, und 200 anderer Weltraumfans im All zu bestatten. Aber die Rakete war nicht in den Orbit gelangt, die Asche ging verloren. Zur Sicherheit hatte Celestis aber einen Teil zurückbehalten – für einen neuerlichen Versuch zu einem späteren Zeitpunkt.

Der etwas andere Brautstrauß

Es war eine schöne Leich – mit allem, was dazugehört: mit einer feierlichen Aufbahrung, vielen Blumenspenden, wohlklingender Trauermusik, tröstenden Worten des Geistlichen und einem Nachruf, der den Lebenslauf der Verblichenen ausführlich mit liebevollen Worten schilderte.

Als Abschluss der Zeremonie erklang auf Wunsch der Verstorbenen das Lied »Time To Say Good-bye«. Der Sarg mit dem darauf befestigten Liliengesteck wurde geschultert, und der Trauerzug setzte sich Richtung Grabstelle in Bewegung.

Plötzlich und unerwartet stolperte einer der vier Sargträger, und der Sarg kam in eine bedenkliche Schräglage. Man musste schon das Ärgste befürchten. Wie von Geisterhand löste sich das weiße Liliengesteck und flog, einem Brautstrauß gleich, in Richtung Trauergäste. Eine der besten Freundinnen der Verstorbenen fing das Sarggesteck und rief erschrocken: »Bin ich jetzt die nächste schöne Leich?«

Grab einer Diva entdeckt

Sensationelle Entdeckung im berühmten »Tal der Könige«: Ägyptische und Schweizer Archäologen haben jetzt per Zufall das knapp 3000 Jahre alte Grab einer Sängerin gefunden. Die Ur-Diva hieß Nehmes Bastet und soll im Tempel der Pharaonen aufgetreten sein. Offensichtlich mit Erfolg: Laut Experten ist sie der einzige im Tal der Könige bestattete Mensch, der nicht mit der Herrscherfamilie verwandt ist.

Dies stellt für die Wissenschaft ein Rätsel dar. War sie vielleicht sogar die Geliebte eines Pharaos? Sollten Sie die Grabstätte von Nehmes Bastet besuchen wollen – die Grabadresse lautet: KV 64.

KV steht für die englische Abkürzung von King's Valley und geht auf John Gardner Wilkinson zurück. Der britische Archäologe ging 1827 mit einem Pinsel und einem Kübel roter Farbe durch das Tal und gab jedem Grab, das er fand, eine Nummer. Die Nummer 1 trägt übrigens das Grab von Ramses VII.

Wer sich bei einem Ägypten-Besuch über Gräber mit dem Kürzel »WV« gewundert hat (dies bedeutet nicht der Sterbeverein »Wiener Verein«, vormals »Die Flamme«) – einige wenige Gräber befinden sich im westlichen Seitental (West Valley), kurz WV.

Bestattung im Weltall spart zu Lebzeiten Steuern

US-Bürger, die sich verbrennen und ihre Asche vom Bundesstaat Virginia aus ins Weltall schicken lassen, können zu Lebzeiten mit bis zu 8000 Dollar Steuernachlass rechnen. Die von Hinterbliebenen besuchten Bestattungsraketen-Starts sollen die regionale Wirtschaft ankurbeln.

Gräber unter dem Hammer

Die Stadt Rom lässt Mausoleen und andere Ruhestätten im Internet versteigern und hofft, damit Millionen für die Stadtkasse einzunehmen. Roms Bürgermeister erwartet sich durch die Auktion der Ruhestätten, deren

Nutzungsrecht jeweils zunächst für 75 Jahre gelten soll, Einnahmen von wenigstens drei Millionen Euro.

Mindestens 312.630 Euro müssen geboten werden, um sich eine Kapelle »im klassischen Stil, aus Backstein und mit Ziegeldach« auf Roms historischem Monumentalfriedhof Il Verano zu sichern. Jede der Grabstätten bietet Platz für bis zu zehn Personen, die sich alle in prominenter Gesellschaft befinden. In der Nähe beigesetzt sind die Schauspieler Marcello Mastroianni, Vittorio Gassman, Vittorio de Sica sowie die Regisseure Roberto Rosselini und Luchino Visconti.

Es lebe der Fußball!

Was bedeuten schon Leben und Tod, wenn es um wirklich Wichtiges wie Fußball geht? Kolumbianische Fans erfüllen ihrem 17-jährigen ermordeten Kumpel Christopher Jacome den letzten Wunsch – einmal noch ins Stadion zum Heimspiel seines Clubs Cúcuta. Die Leiche hatten sie dem Beerdigungsunternehmer entwendet. Die Aktion half. Kaum tauchte der Sarg auf, schoss Cúcuta das Tor zum 1:1-Endstand gegen Envigado.

Radiosender verlost Beerdigung

In Aschaffenburg wirbt der Lokalsender Radio Galaxy für sein Gewinnspiel mit einer Aufmachung, die wie eine Todesanzeige aussieht – und dem makabren Slogan: »Gewinne Deine eigene Beerdigung.« Der Hörer, der dem Sender die »coolsten letzten Worte« einschickt, wird mit der Sterbeversicherung (Wert 3000 Euro) eines örtlichen Bestattungsunternehmens bedacht.

Die skurrile Aktion ist bisher, wie der Moderator versichert, mit über 100 Hörer-Einsendungen ein voller

Erfolg. Viele seien glücklich über diese Gewinnchance, schließlich sei Sterben teuer.

Wenig begeistert von der Aktion ist der Geschäftsführer des Zentralverbandes der Deutschen Werbewirtschaft. Auf den ersten Blick denke man ja, dass es eine Todesanzeige sei, und dies verletze die Gefühle von Trauernden. Für ihn ist diese Kampagne mehr als fragwürdig, Werbung sollte nicht nur Aufmerksamkeit erregen, sondern auch Sympathie hervorrufen. Der Moderator Jens Pflüger hält dem entgegen, dass man mit der Aktion jungen Hörern das Thema Tod näher bringen wolle, da dies ja leider ein Tabu sei.

Die Idee ist übrigens gestohlen – sie wurde 2009 in Österreich schon von Radio Graz ausprobiert. 1475 Hörer beteiligten sich damals. Die Beerdigung gewann ein 25-jähriger Modeverkäufer.

Gewinne
Deine eigene
Beerdigung

Schick uns Deine letzten Worte an:
aschaffenburg@radio-galaxy.de

Fehlt nur noch eine eigene TV-Schau; nach »Bauer sucht Frau«, »Germany's Next Top Model« oder »Die große Chance« wäre doch im Zeichen des Quotendrucks »Mein Traumbegräbnis« sicher ein Erfolg.

Missverständnis

Tracy Singleton, USA, berichtet, dass ihr Mann, der in einem Beerdigungsinstitut arbeitete, eines Tages sehr früh aufweckte und über schreckliche Leibschmerzen klagte. Sie fuhr ihn mit dem Auto in die Notaufnahme einer Klinik, wo er sofort untersucht wurde.

Während das Ehepaar auf die Ergebnisse der Tests wartete, bat der Mann seine Frau, ihn vorläufig noch nicht bei seinem Arbeitgeber, der städtischen Bestattung, krank zu melden. Zumindest bis sie Bescheid bekämen, was genau mit ihm los sei.

Nach einer Weile kam endlich eine Krankenpflegerin und teilte ihnen mit, dass er einen Nierenstein hatte.

Daraufhin fragte Tracy ihren Mann: »Soll ich jetzt das Beerdigungsinstitut anrufen?«

Die Pflegerin sah sie entrüstet an und sagte: »Also, so krank ist er nun auch wieder nicht!«

Der teuerste Friedhof

Der Friedhof von Avize ist wohl der teuerste der Welt, denn er liegt mitten in den Weingärten. Die Folge: Die Grundstückspreise schossen in die Höhe wie Champagnerkorken. Handelshäuser, Winzer und Gemeinden innerhalb der Appellation wurden reich. Der Gottesacker des Ortes Avize, der inmitten bester Chardonnay-Hänge liegt, sei heute der teuerste Friedhof der Welt, sagen die Winzer. So weit, die Toten umzubetten, gehen sie aber noch nicht.

Übrigens: Es sterben mehr Menschen durch knallende Schaumweinkorken als durch Giftspinnen.

Asche rieselte vom Wiener Riesenrad

Das war in Wien noch nie da: Weil es der letzte Wunsch eines prominenten US-Fotografen war, streuten Freunde des Verstorbenen seine Asche aus der Kabine des Wiener Riesenrades – diese rieselte aus 64,75 Metern Höhe auf den Prater und damit auf die vielen Besucher. Diese Aktion könnte über den Tod hinaus für Probleme sorgen, denn in der Bundeshauptstadt ist es laut Wiener Leichen- und Bestattungsgesetz verboten, Leichenasche zu verstreuen. Außer bei Glatteis, aber das ist eine ganz andere Geschichte.

Der Verstorbene wollte nicht, dass um ihn getrauert wird, sondern dass seine Freunde bei dieser Aktion ein Abenteuer und Freude erleben. Neben Wien standen noch das australische Outback, Island, ein Vulkan in Ruanda und die Chinesische Mauer auf dem »Reiseplan«. Kein Wunder also, dass auf dem Grabstein steht: »Ralph White ist nicht hier. Er ist auf der ganzen Welt verstreut.«

Oscar-Verleihung 2012: Aschenverstreuung am Red Carpet

Der Schauspieler Sacha Baron Cohen erschien bei der Oscar-Verleihung in einer Fantasieuniform aus seinem neuen Film »The Dictator«. In den Händen trug er eine Urne mit dem Bild eines verstorbenen Machthabers. Als Cohen begann, die darin enthaltene Asche nicht nur auf den sauberen roten Teppich zu verstreuen, sondern auch auf dem Sakko eines TV-Moderators, war Schluss mit lustig. Das Sicherheitspersonal griff sofort ein, und die vermutliche Asche entpuppte sich als harmloser Pancake-Mix, welcher sofort mit dem Staubsauger entfernt wurde.

Spende an Kriegsveteranen

Ein finnischer Autohändler schenkte dem Kriegsinvalidenverband der Provinz Nordkarelien 100 Särge, die er selbst günstig erworben hatte. Die Veteranen – Durchschnittsalter 89 Jahre – bedankten sich für diese »nützliche und zeitlich angepasste Spende«.

Studienleichen

Menschen, die sich aus Idealismus und Dankbarkeit bereit erklärt haben, ihren Körper nach dem Ableben der medizinischen Wissenschaft und somit der Ausbildung zukünftiger Ärzte zur Verfügung zu stellen, werden als »Studienleichen« bezeichnet.

Der Anatom Gustav Schwalbe[24] kaufte einmal in Straßburg zu Studienzwecken einen Elefanten, der in einem

---

24   Gustav Schwalbe (1844–1917), geboren in Quedlinburg, 1871 Professor der Anatomie in Leipzig, 1873 in Jena, 1881 in Königsberg, 1883 in Straßburg

Zirkus gestorben war; er wollte das Skelett in seinem Institut aufstellen. Aber wohin mit den ausgelösten Fleischmassen? Die Anatomiediener fanden eine herrliche Lösung: Sie packten zu den Särgen der Anatomieleichen jedes Mal ein ordentliches Stück Elefantenfleisch. Die Leichenträger wunderten sich schon längere Zeit über die ungewöhnlich schweren Särge, bis ihnen der Pförtner in einer weinseligen Stunde nach mehreren Gläschen Rotwein das bisher streng gehütete Geheimnis verriet. Nur mit einem beträchtlichen Opfer für einen guten Zweck konnte Professor Schwalbe verhindern, dass die Angelegenheit in die Gazetten kam.

Die gute Nachricht: Sonnenkraft vom Friedhof

Auf den ersten Blick wirkt das Projekt eher merkwürdig, doch in Spanien ist es – nach massiver Kritik – zu einem Paradebeispiel für den Umweltschutz geworden. Sonnenkollektoren auf einem Friedhof versorgen die Kleinstadt bei Barcelona mit Strom. 462 Kollektoren speisen Energie in das städtische Netz. Der Friedhof war der einzige Ort, der dafür in Frage kam.

Stimme aus dem Sarg erschreckte Fahrgast

Buenos Aires. Ein Argentinier war bei voller Fahrt in panischer Angst vom Dach eines Reisebusses gesprungen, als sich der Deckel eines auf dem Dach festgeschnallten Sarges hob und eine Stimme den Mitreisenden ansprach: »Ziemlich kalt, nicht wahr?«

Die Lokalzeitung in Buenos Aires meldete, der schreckhafte Mann liege nun mit Knochenbrüchen in einem Krankenhaus. In den Anden ist es üblich, für ein Trinkgeld auf dem Busdach mitfahren zu können. Wegen der Winterkälte hatte sich zuvor ein Reisender in den leeren Sarg gelegt und wollte ein Gespräch mit seinem Gegenüber führen, der aber nicht wusste, dass der Sarg »besetzt« war.

Annonce in der »New York Sun«: Suche Amme, spätere Heirat nicht ausgeschlossen

Hiermit erfülle ich die traurige Pflicht, allen Freunden und Bekannten mitzuteilen, dass mir der Tod meine innigstgeliebte Gattin geraubt hat, als sie mir einen Sohn schenkte, für den ich eine gute, gesunde Amme suche für die Zeit, wo ich noch keine neue Lebensgefährtin gefunden habe, welche hübsch und im Besitz von 20 000 Dollar sein muss.

Die letzte Reise der Hollywood-Legende Tony Curtis

In Las Vegas nahmen über 400 Fans, Freunde und Familienmitglieder des verstorbenen Schauspielers († 29. September 2010) sowie der damalige kalifornische Gouverneur Arnold Schwarzenegger, der auch den Nachruf hielt, Abschied. »Armani Cowboy« nannte man den Künstler spaßhaft in Hollywood, wegen seines modischen Ticks, überall in weißen Shorts, weißem Pullover und weißem Armani-Halstuch zu erscheinen. Das Outfit krönte er stets mit einem breitkrempigen Stetson. Als »Armani Cowboy« wurde er auch zu Grabe getragen. Die Liste der Grabbeigaben, die seinem Wunsch gemäß in den Sarg gelegt werden sollten, war sehr lang: seine Lieblingsbücher, die Medaillen aus seiner Soldatenzeit bei der Marine, die Babyschuhe seines toten Sohnes Niklas, Goldmünzen, zwei Lieblingsuhren, die ungarische Flagge (er war sehr stolz auf seine ungarischen Wurzeln), DVDs von Filmen mit ihm, sein iPhone, Sonnenbrille, Lesebrille, 7 Päckchen mit Süßstoff, seine Autohandschuhe (obwohl er aufgrund seines Alters nicht mehr fahren durfte), eine Schmerztablette, Pinsel und Farben und die Asche seines geliebten Hundes Jack. »Nobody's perfect« – dieser Schriftzug ziert den Grabstein der Filmlegende.

Tante Emma und der Admiral

Um die Jahrhundertwende starb im Sanatorium »Zum weißen Hirsch« bei Dresden ein russischer Admiral. Am gleichen Tage segnete Tante Emma aus Bremen im gleichen Sanatorium das Zeitliche. Die sterblichen Hüllen beider Verstorbenen wurden auf Wunsch der Angehörigen übergeführt.

Als die trauernden Hinterbliebenen in Bremen den Sarg öffneten, um einen letzten Blick auf die liebe Tante zu werfen, stellten sie zu ihrem Entsetzen fest, dass ein Admiral in Gala-Uniform im Sarg lag. Das Sanatorium wurde angerufen, musste eine bedauerliche Verwechslung der Frachtbriefe feststellen und empfahl, sich mit dem Kaiserlich Russischen Admiralstab in St. Petersburg zwecks Austausch der Särge in Verbindung zu setzen. Dies geschah durch ein langes Telegramm.

Die Antwort lautete:

TANTE EMMA HIER MIT MILITÄRISCHEN EHREN BEIGESETZT.

BESTATTET ADMIRAL DORT.

Dieser Beitrag wurde dem Buch »Splissen und Knoten«, einer Sammlung von wahren Geschichten, Anekdoten und Seemannsgarn, von Peter Ernst Eiffe entnommen. Erwähnt werden soll noch das Urteil von Fachleuten aus der Kaiserlichen Marine. Admiral Scheer etwa schrieb an den Verfasser: »... Ich darf Ihnen als ehemaliger Flottenchef ganz besonders danken, dass Sie dem Geist, der in der Marine herrschte, ein so schönes und zutreffendes Denkmal gesetzt haben.« Und Großadmiral von Tiepitz meinte: »Das Buch wird seinen Verfasser überleben.«

Tagesneuigkeiten: Der Streik der Leichenbestatter

Bei der Restaurierung der Leichenkutsche in Litschau fand Wagnermeister Kurt Viertlmayr im Wageninneren einen Artikel aus dem Jahre 1920: *Indessen waren die Verhältnisse in den Krankenhäusern und auf den Friedhöfen sehr missliche. Vom Allgemeinen Krankenhause wurde mehrmals an das Gesundheitsamt das dringende Ansuchen gestellt, den Abtransport der Leichen aus den Leichenkammern besorgen zu lassen.*

Auf dem Zentralfriedhofe wendeten sich die Angehörigen einer verstorbenen Frau vergeblich an die Leichenbestatter. Die Angehörigen mußten die Leiche selbst aus dem Keller tragen und sie zu der am äußersten Ende des Friedhofes gelegenen Stelle tragen.

Auf der katholischen Abteilung waren von vorgestern 15 unbeerdigte Leichen zurückgeblieben. Die Leichen, deren Angehörige in nicht genügend großer Zahl erschienen waren, um die Särge zu tragen oder selbstgemietete Träger nicht bezahlen konnten, mussten in der Leichenhalle bleiben. In Folge spielten sich Schlägereien zwischen Streikenden und »Streikbrechern« ab.

Problemleiche

Vor allem die Probleme beim Transport übergewichtiger Leichen gehören zu den meistdebattierten Themen der Zunft.

Nach einem Brand im Krematorium beim Grazer Zentralfriedhof ist nun die eher ungewöhnliche Brandursache aufgedeckt worden: Die Verbrennung einer stark übergewichtigen Leiche führte zu einer Überhitzung in der Filteranlage. Ähnliche Brände ereigneten sich zuletzt auch in Krematorien in Deutschland und der Schweiz.

Manchmal stirbt der »Falsche«

Das Ehepaar Maria und Karl F. pflegte aufopfernd die eigenwillige 100-jährige Mutter des Ehegatten. Die betagte Frau hatte rund um die Uhr ausgefallene Wünsche: täglich neue Kleidung, täglich über 8 bis 10 Stunden Musik (CD aus dem Musikantenstadl, Hansi Hinterseer, Andy Borg, Kastelruther Spatzen), täglich frisch gekochtes, abwechslungsreiches Essen und vieles mehr. Frau Maria, die Schwiegertochter, tat ihr Bestes für die alte Dame, es war aber nie genug.

Der Hausarzt besuchte Familie F. einmal in der Woche, vor allem, um bei der 100-Jährigen den Blutdruck zu messen und ihr die Medikamente per Rezept zu verschreiben. Als besondere Aufgabe musste er die 60-jährige Schwiegertochter trösten, die sich ständig über die Überbelastung beklagte.

Eines Tages erhielt der Hausarzt die telefonische Nachricht, dass es Frau F. sehr schlecht gehe und sie an akuter Atemnot leide. Beim Wohnhaus der Familie F. angekommen, erklärte Karl F. dem Arzt, dass er zu spät käme, »sie« sei bereits verstorben. Der Arzt betritt das Haus und wird von lauter Volksmusik empfangen. Im Wohnzimmer »thront« die 100-Jährige, frisch wie immer, und dirigiert zu den Klängen der Zillertaler Haderlumpen und der Musik der Gruppe »Schrägseit'n«. Auf der Couch daneben liegt leblos die Schwiegertochter, bei der der Hausarzt nur mehr den Tod feststellen konnte.

P. S. Frau F. dirigiert noch immer und ist jetzt 103 Jahre alt.

Auch ihr Sohn ist mittlerweile, 66-jährig, verstorben.

Friedhof der Kuschel-Urnen

Eine alte Volksweisheit lautet: Erlerne den Mediziner- oder noch besser den Totengräberberuf. Ob Arm oder Reich, Jung oder Alt, Schön oder Hässlich – Menschen werden immer krank, und selbst die niemals krank werden, müssen irgendwann einmal »den Löffel abgeben«.

Der Niederländer Sender van Berg hat diese Lebensweisheit erkannt und eine Firma gegründet. Der Name seiner Firma lautet »Urnengeschäft«.

Sender van Berg verfügt über ein schier unendliches Sortiment: Urnen aus Keramik, aus Meissner und Augarten Porzellan, Glas, Edelstahl, Bronze, Ton und Holz. Alles ist möglich, man muss nur aufpassen, dass nicht ein etwaiger rauchfreudiger Gast die Urne mit dem Aschenbecher verwechselt. Der große Renner aber sind

Kuschel-Urnen. Im Plüschbären lassen sich zum Beispiel neben der Asche Reliquien wie Haarlocken oder Schnurrbarthaare platzieren. Diese Kuschel-Urnen können somit überall dabei sein: im Bett, bei Tisch, im Fernsehsessel oder auf dem Beifahrersitz.

18 Whisky

Fragt man die Leute in seinem walisischen Heimatort nach dem weltberühmten Dichter Dylan Thomas, tun ihn immer noch viele als »Dorfsäufer« ab. Und der Lyriker hat sich diesen Ruf redlich verdient. Angeblich waren seine letzten Worte: »Ich hatte gerade 18 Whisky. Ich denke, das ist Rekord.« Danach fiel er während einer New-York-Reise 1953 ins Koma und wachte nicht mehr auf. Er war 39 Jahre alt.

Auf seinem Sarg, der mit dem Schiff nach Wales gebracht

wurde, spielten Matrosen Karten. Das gefiel seiner Ehefrau, selbst Alkoholikerin, weil es »ihm« gefallen hätte.

Igor Strawinsky komponierte 1954 anlässlich Dylan Thomas' Tod ein Stück, und Richard Burton wünschte sich, man möge zu seinem Begräbnis (1984) einen Text des Dichters vorlesen. *»Geh nicht gelassen in die gute Nacht, / Brenn, Alter, rase, wenn die Dämmerung lauert; / Im Sterbelicht sei doppelt zornentfacht«.*

Aktenvermerk vom 6. 9. 1912

Heute Mittag nahm uns der Allmächtige unsern lieben Kameraden, den Jäger zu Pferde Hermann Graeser inmitten des Dienstes. Treu seinem Fahneneide erhielt er beim Futterschütten einen Hufschlag. Sein Andenken wird bei uns nicht verlöschen.

Die Offiziere, Unteroffiziere und Mannschaften der 4. Eskadron Jäger-Regiments zu Pferde Nr. 6.

Zeremonienleiterbericht

Betreffend Begräbnis Raimund S.: Hinter dem Sarg ging der Neffe des Verstorbenen als einziger Erbe. Dann kamen die Leidtragenden.

Die zerbissene Begräbniskostenrechnung

Aktenvermerk: Die Bestellerin Frau Leopoldine P. aus Wien 14, bittet um eine neue Begräbniskostenabrechnung für ihren verstorbenen Ehemann Heinrich P., da Hund Hugo in einem Anfall von Trauer und Verzweiflung die Rechnung der Städtischen Bestattung Wien zerbissen hat.

Beilage als corpus delicti: die Rechnung mit deutlichen Bissspuren.

Pfarrer täuschte seinen eigenen Tod vor

Der Geistliche hängte in einem kleinen italienischen Dorf in den Abruzzen (Italien) Partezettel auf Bäume und öffentliche Gebäude auf, auf denen sein Tod und sein Begräbnis angekündigt wurden. Don Luigi wollte so seine Schäfchen wachrütteln, damit sie wieder öfter in seine Kirche zur heiligen Messe kommen.

Singe, dem Gesang gegeben!

Florence Foster Jenkins (1868–1944) war die Tochter eines Industriellen. Als Kind erhielt sie Musikunterricht und äußerte den Wunsch, Gesang zu studieren, was ihr Vater jedoch nicht finanzieren wollte. Nach ihrer Eheschließung mit dem Arzt Frank Thornton Jenkins schlug sie sich in Philadelphia als Lehrerin und Pianistin durch. 1903 wurde ihre Ehe geschieden. 1909 starb ihr Vater und hinterließ ihr so viel Geld, dass sie sich ganz auf ihre Gesangskarriere konzentrieren konnte. Sie begann am Musikleben in Philadelphia teilzunehmen, gründete und finanzierte den »Verdi-Club«, nahm Gesangsunterricht und gab 1912 ihr erstes Konzert.

Schon bald verbreitete sich ihr »Ruf« als schlechte Sängerin, erst in Philadelphia und dann im ganzen Land, ihre Konzerte wurden zu einem schrägen Tipp für Insider. Einer Anekdote zufolge schenkte sie nach einem Autounfall dem schuldigen Lenker eine Kiste Zigarren, da sie der Meinung war, ihr hohes f sei durch den Schreck viel »höher« geworden.

Obwohl das Publikum nach mehr Auftritten verlangte, beschränkte sich Jenkins auf seltene Auftritte. Am 25. Oktober 1944 gab sie dem öffentlichen Druck endlich nach und sang, mit 76 Jahren, ein Konzert in der Carnegie Hall, das schon Wochen vorher ausverkauft war und dessen Eintrittskarten am Schwarzmarkt sagenhafte Summen kosteten.

Einen Monat später starb sie, weil sie durch die große Anstrengung des Konzertes erkrankt war. Manchen Gerüchten zufolge ging sie auch am Gram über die Zeitungskritiken zugrunde, die tatsächlich vernichtend gewesen waren. (Ein Kritiker hatte ironisch bewundernd geschrieben, Foster-Jenkins habe sich »nicht von den Absichten der Komponisten einschüchtern lassen«.) Dennoch wurde sie vom Publikum geliebt, wahrscheinlich, weil man sich in ihren Konzerten so gut amüsieren und herzlich lachen konnte.

Ihr Ausspruch »Die Leute können vielleicht behaupten, dass ich nicht singen kann, aber niemand kann behaupten, dass ich nicht gesungen hätte«, steht heute auf ihrem Grabstein.

Die Originalstimme von Florence Foster Jenkins können Sie auf You Tube hören.

Die Geschichte vom Schnurrbart

Zeitlebens war Josef L. auf seinen wunderbaren, buschigen, aufgezwirbelten, schwarzen (manche meinten, er hätte mit Färbemittel etwas nachgeholfen) Schnurrbart besonders stolz.

Als Josef L. im 84. Lebensjahr plötzlich verschied, fand das Begräbnis in einer kleinen niederösterreichischen Gemeinde statt. Die Aufbahrung im offenen Sarg in der Dorfkirche zum hl. Rupert mit anschließendem feierlichem Requiem war für 15 Uhr festgesetzt.

Um 13 Uhr begannen die Vorbereitungen für die Trauerfeier. Der ortsansässige Bestatter brachte den Verblichenen in die Kirche, stellte den Sarg auf die Tumba (Aufbahrungstisch), öffnete ihn, kontrollierte die Lage des Verstorbenen, legte ein Handkreuz und einen Rosenkranz in den Eichensarg. Anschließend wurden die Kränze, Blumengebinde und Buketts arrangiert und zwölf schmiedeeiserne Windlichter links und rechts der Aufbahrung aufgestellt. Vor dem geöffneten Sarg wurde ein Weihwasserbehältnis mit Aspergill für die feierliche Einsegnung vorbereitet. Inzwischen waren der Pfarrer mit seinen Ministranten und dem Kreuzträger eingetroffen.

Einer der Ministranten ging in einem unbeobachteten Moment zum geöffneten Sarg, tauchte drei Finger in den Weihwasserkessel und behandelte und verwandelte mit den befeuchteten Fingerkuppen den Schnurrbart des Toten. Es soll nicht pietätlos erscheinen, aber plötzlich lag ein »fremder« Josef L. im Sarg. Der links und rechts heruntergezogene, schwarze Schnurrbart (Modell Seehund oder besser gesagt Dschingis Khan) veränderte das Gesicht des Verblichenen völlig. Eine halbe Stunde vor Beginn der Trauerfeier trafen die Familienangehörigen und Trauergäste ein. Jeder der Trauernden schritt einzeln zum offenen Sarg und besprengte mit Weihwasser den Verblichenen. Bei jedem Trauergast waren ein deutliches Erstaunen, Verwunderung und Ratlosigkeit zu erkennen. Aber niemand wagte es, über die plötzliche seltsame Veränderung zu sprechen.

Erst ein paar Stunden später, beim Leichenschmaus im Gasthaus »Zum Löwen«, entfuhr einem Trauergast nach einigen Gläsern Wein folgende Aussage: »I was ned, i kann ma ned helfen, der Pepi hat ma heut gar ned gfalln. Er hat so fremd ausgschaut.«[25]

Apropos Gasthaus »Zum Löwen«

Meine Mutter hat mir mehrmals folgende Geschichte erzählt und versichert, es habe sich wirklich so zugetragen:

Eine Bekannte besuchte des Öfteren eine Kartenaufschlagerin[26], die ihr prophezeite, sie würde durch einen Löwen zu Tode kommen. Die Gute war niemals im Tiergarten Schönbrunn, besuchte niemals den berühmten Zirkus »Krone«, von einer Afrika-Safari in den 40er Jahren ganz zu schweigen. An einem stürmischen und regnerischen Herbstabend wollte die Dame auf schnellstem Weg nach Hause, als beim Gasthaus der gusseiserne Löwe herunterfiel und sie erschlug.

Der Sarg als goldenes Hochzeitsgeschenk[27]

Der pensionierte Amtsdiener des Meteorologischen Observatoriums *Giuseppe Gabrielli* und seine Frau feierten dieser Tage in Rom ihre goldene Hochzeit. Bei diesem Anlass glaubte Gabrielli, seiner Frau kein passenderes Geschenk machen zu können, als einen teilweise von ihm *selbst verfertigten Sarg*. Vor einiger Zeit schon hatte

---

25   »Ich weiß nicht, ich kann mir nicht helfen, der Pepi hat mir heute gar nicht gefallen. Er hat so fremd ausgesehen.«

26   Wahrsagerin

27   Diese Anekdote erschien als Titelgeschichte in »Die Illustrierte Kronen-Zeitung« vom Freitag, dem 13. November 1925, und wird hier wortgetreu wiedergegeben.

er für sich eigenhändig einen schönen Sarg gezimmert, den er innen mit Zinkblech beschlagen ließ. Nun hat er zur goldenen Hochzeit auch seiner Frau einen gleichen Sarg hergestellt. Er war über seinen originellen Einfall so stolz, dass er beide Särge bei dem feierlichen Anlass in seiner Wohnung in entsprechender Aufmachung ausstellte. Nichtsdestoweniger ging es bei dem Hochzeitsschmaus sehr lustig zu.

Übrigens hat Gabrielli, wahrscheinlich ohne es zu wissen, durch seinen Einfall berühmte Sonderlinge kopiert, darunter die Sarah Bernhardt, die auf ihren Tourneen unter ihren zahllosen Koffern auch eine große Kiste mitführte, in welcher ihr Sarg enthalten war.

Die französische Schauspielerin Sarah Bernhardt konnte am besten Texte lernen, wenn sie sich in einen Sarg legte.

Und der Dichter Gabriele d'Annunzio hat in Gargnacco am Gardasee in der von ihm in Besitz genommenen Villa des verstorbenen deutschen Schriftstellers *Thode* bekanntlich ebenfalls schon seine Totenkammer und seinen Sarg hergerichtet.

Nicht zu vergessen des alten Bauern in Schönherrs »Erde«, der bei seiner Auferstehung vom Totenbette den Sarg zerschlägt.

Der Sarg als Schlafstätte[28]

In Budapest spricht man jetzt viel von einem Scheidungsprozess, der eine ganz eigenartige Vorgeschichte hat. Es kamen vor Gericht Dinge zur Sprache, wie man sie sonst höchstens in einem fantastischen Roman zu finden pflegt.

Ein sehr reicher ungarischer Sargfabrikant verliebte sich vor zwei oder drei Jahren in ein hübsches junges

---

28   Noch eine Geschichte aus »Die Illustrierte Kronen-Zeitung«, diesmal vom Dienstag, 27. September 1932

Mädchen. Seine Werbung wurde von der Dame und ihren Eltern freundlich aufgenommen. Nach kurzer Zeit schon wurde Hochzeit gefeiert. Das junge Paar schlug seinen Wohnsitz in Budapest auf. Ein Jahr lang lebten sie sehr glücklich. Der Fabrikant war zu seiner Frau so liebevoll und zuvorkommend, dass sie sich, die aus der Provinz stammte und in der Hauptstadt weder Verwandte noch Bekannte besaß, doch nicht einsam fühlte und bald eingewöhnt hatte.

Eines Tages aber zeigte der Gatte ein vollkommen verändertes Wesen. Er war mürrisch und finster und fuhr seine Frau, die ihm heiter und unbefangen wie immer entgegen kam, mit rauen Worten an. Die erstaunte und erschrockene Frau dachte zuerst, er habe vielleicht in seinem Beruf Ärger gehabt und sei deshalb vorübergehend schlechter Laune. Doch am nächsten Tag war es noch schlimmer.

Der Industrielle sprach mit seiner Frau kein einziges Wort mehr. Er reagierte auf keinen Gruß und auf keine Frage; es war rein, als wäre er plötzlich stumm geworden. Er benützte sein Bett im Schlafzimmer nicht mehr, sondern übernachtete auf einer Ottomane im Herrenzimmer. Was er seiner Frau unbedingt mitteilen musste, schrieb er ihr. Jeden Morgen, wenn er das Haus verließ, um sich in die Fabrik zu begeben, ließ er einen Zettel zurück, auf dem seine Wünsche für den Tag verzeichnet waren.

Die Frau ertrug dieses sonderbare Benehmen eine Zeit lang, da sie hoffte, es würde nicht lange dauern, bis ihr Gatte zu seinen alten Gewohnheiten zurückfinden würde.

Aber als die Frau einmal von einem Spaziergang heimkehrte und ahnungslos ihr Zimmer betrat, erkannte sie, dass sie sich getäuscht habe. Das freundliche weiße

Schlafzimmer war während ihrer Abwesenheit in eine Totenkammer umgewandelt worden. Die Wände hatte man mit schwarzem Tuch verhängt. Wo früher das Bett gewesen war, stand nun ein Sarg. Einige schwarze Seidenkissen bildeten darinnen ein Ruhelager. Eine schwarz verhüllte Ampel beleuchtete düster das Zimmer.

Die Frau wich entsetzt aus dem Raum des Schreckens zurück. Man bedeutete ihr, ihr Mann habe das Zimmer so für sie bereiten lassen, es solle auch weiterhin ihr Schlafzimmer sein. Sie bat und flehte, ihr Gatte möge ihr gestatten, in einem anderen Raum zu übernachten. Er zeigte sich unerbittlich, blieb stumm und zwang sie, das für sie bestimmte Lager aufzusuchen.

Zwei schreckliche, schlaflose Nächte verbrachte die Frau in dem Sarg. Von Grauen geschüttelt, lag sie auf dem schwarzen Kissen in dem schwarz ausgeschlagenen Zimmer. Jedes Geräusch, das sie hörte oder zu hören meinte, jagte ihr Schauer des Entsetzens über den Leib. Endlich am dritten Tag traf ihre Mutter, der sie geschrieben hatte, in Budapest ein. Die alte Dame fiel in Ohnmacht, als sie das Zimmer ihrer Tochter sah. Sie nahm die junge Frau sofort mit sich nach Hause und strengte die Scheidungsklage an.

Die Ehe wurde natürlich aus dem alleinigen Verschulden des Gatten geschieden. Der Fabrikant verteidigte sich vor Gericht nicht und erklärte dem Richter, der eine Alimentationssumme festsetzte, er wollte diese verdoppeln, seine geschiedene Frau solle gut versorgt sein. Nach der Verhandlung brach er sein langes Schweigen und richtete wieder das Wort an seine frühere Gattin. Er bat sie um Verzeihung und wünschte ihr für die Zukunft alles erdenkliche Gute. Beim Abschied küsste er ihr galant die Hand. So schieden die beiden schließlich doch noch in bestem Einvernehmen.

Die Geschichte des Mannes, der seine Frau in einer Totenkammer mit einem Sarg als Lagerstatt schlafen ließ, wurde in der Stadt bekannt.

Der Fabrikant erhielt daraufhin Dutzende von Briefen schöner junger Mädchen, die ihm schrieben, sie würden sich glücklich schätzen, seine Frau zu werden.

* * *

Hier kann man wirklich das geflügelte Wort: »Ende gut, alles gut« anwenden.

Und hätte es damals schon die beliebte Fernsehshow »Herzblatt« gegeben, an geeigneten Bewerberinnen hätte es sicher auch nicht gemangelt. Kennwort »Wie man sich bettet, so liegt man …«

Ein Sarg zu jedem Geburtstag[29]

Lord Westborne ließ sich jedes Jahr zu seinem Geburtstage, an welchem er stets seine Freunde bei sich zu bewirten pflegte, einen neuen Sarg machen, den er jedes Mal versuchte, aber der ihm niemals recht war. Brachte ihm der Tischler den bestellten Sarg, so mäkelte der Lord daran wie ein Stutzer an einem neuen Rock. Er legte sich selbst in den neuen Sarg hinein, doch dieser passte niemals, war bald zu lang, bald zu weit, drückte ihn bald an den Achseln – kurz, etwas war immer daran auszusetzen.

Zwölf Tischler hatten schon für den wunderlichen Mann gearbeitet, und keinem war es gelungen, ihn zufrieden zu stellen.

Endlich, nach einundzwanzigjährigen Versuchen, schien er mit dem gelieferten Sarge einverstanden zu

---

29   Dieser Originalbeitrag stammt aus der »Bibliothek der Unterhaltung und des Wissens«, Jahrgang 1904.

sein. In Gegenwart seiner Gäste legte er sich in den Sarg, dehnte sich behaglich und sagte:

»Jetzt passt er, und ich habe keine Lust, wieder aufzustehen.«

Damit schoss er sich eine Kugel durch den Kopf.

Der Begräbnishund

In der kleinen Gemeinde Ribera auf Sizilien wundern sich die Einwohner seit einiger Zeit über einen Hund, der ihren Ort immer zu einem ganz bestimmten Anlass aufsucht: zu jeder Beerdigung.

Woher der kleine, hellbraune Hund kommt, weiß niemand. Er sitzt während der Vorbereitungen im Trauerhaus auf der Türschwelle, oft stundenlang, und wartet geduldig, bis der Sarg herausgetragen wird.

Dann folgt er dem Trauerzug zur Kirche. Während des Weges sorgt er auch dafür, dass der feierliche Kondukt nicht durch eilige Autofahrer gestört wird. Er bellt die Fahrer wütend an und stellt sich den Fahrzeugen in den Weg.

Nach der Messe folgt er dem Sarg bis zum Grab und verschwindet anschließend – bis zur nächsten Beerdigung. Niemand weiß, woher der Hund mit dem »Beerdigungstick« kommt.

Ein seltsames Grabdenkmal

Grabmäler für Hunde, Katzen und Pferde sind ja, besonders in England und Amerika, wo es eigene Friedhöfe für diese Tiere gibt, nichts Seltenes. Aber von einem Grabdenkmal für ein Schwein hat man kaum je gehört, und doch ist das Schwein, das unter einem Grabstein bei Mombasa an der Küste von Ostafrika liegt, tief betrauert worden. Die englische Inschrift lautet in der Übersetzung: »Zur Erinnerung an Dennis, das Lieblingsschwein der *S. M. Schwalbe*, welches starb am 10. Dezember 1895, achtzehn Monate alt, tief betrauert.«

Um wirklich an die Wahrheit der beiden letzten Worte zu glauben, muss man wissen, dass die Matrosen aller Länder eine geradezu kindische Vorliebe für Tiere haben. Besonders sind die Schweine, die man an Bord bringt, um sie später zu schlachten, die Lieblinge der Matrosen, und die Leute werden in der Eintönigkeit ihres Dienstes und des Aufenthaltes auf hoher See nicht müde, stundenlang mit den Tieren zu spielen.

Das betreffende kleine Schwein war durch irgendeinen Zufall auf einer Kreuzfahrt der »Schwalbe« an Bord gebracht worden, und die Mannschaften fassten eine so große Zuneigung zu dem Tier, dass sie Geld zusammenlegten, um es dem Koch abzukaufen und so vor der Schlachtung zu bewahren.

Wahrscheinlich haben die Matrosen das Schwein aus lauter Liebe zu Tode gefüttert, denn es wurde eines Tages krank und starb, und die biederen Seeleute gruben ihm an der Küste ein Grab und errichteten darauf einen Gedenkstein.

Grab neben Haustieren

Ein britischer Witwer aus London hat seine verstorbene Frau in einem in Weihnachtspapier verpackten Kartonsarg im Garten begraben. Nach eigenen Angaben erfüllte Terry Lee so den Wunsch der 66-Jährigen, ihre letzte Ruhestätte neben ihren verblichenen Haustieren zu finden. Laut »Daily Telegraph« hatte Lee ein Jahr lang vergeblich um eine Sondergenehmigung gekämpft, da Beerdigungen auf Privatgrundstücken verboten sind.

Erster Wiener Tierfriedhof

Der an der Simmeringer Hauptstraße 339a gegenüber dem 2. Tor des Wiener Zentralfriedhofs gelegene Tierfriedhof bietet Haustieren eine würdevolle letzte Ruhestätte. Damit erfüllt die Stadt Wien gemeinsam mit Partnern den vielfach geäußerten Wunsch nach Möglichkeiten, das Andenken an verstorbene Haustiere zu wahren.

Partezettel für unsere Haustiere

Der Kleinanzeigenmarkt erlebt zur Zeit so manche schwarze Stunde. Grund genug, um die Branche mit frischen Ideen zu beleben. Raum für Todesanzeigen bietet der Schweizer »Tages-Anzeiger« trauernden Haustierbesitzern. Diese können ab sofort ihren dahingeschiedenen Lieblingen eine letzte Ehre im Zürcher Qualitätsblatt erweisen. Einziger Schönheitsfehler: Nach erbitterten Protesten seiner Leserschaft musste der »Tagi« die Tiertodesanzeigen aus der Nachbarschaft menschlicher Verstorbener entfernen und in die Rubrik »Privatmarkt« verbannen – ob dem tierischen Totengedenken damit die angemessene letzte Ehre widerfährt, sei dahingestellt.

Vom wilden Hamster gebissen

Der vom Aussterben bedrohte und deshalb streng geschützte Feldhamster ist nur eine von vielen Tierarten, von der Waldohreule bis zum Blutspecht (verwandt mit dem Großen Buntspecht), die auf dem zweitgrößten Friedhof Europas, auf dem Wiener Zentralfriedhof, ein herrliches Zuhause gefunden haben.

Feldhamster sind vom Frühling bis in den Frühherbst dort zu beobachten. In der kalten Jahreszeit ziehen sie sich in den Bau zurück. Gemütlich und oft reichlich fett gefressen, wuseln sie in der warmen Jahreszeit die Seitenwege des Zentralfriedhofes entlang. Sie halten sich zwischen den Gräbern auf und sind auch bei mancher Trauerfeier dabei. Fallweise plumpsen unvorsichtige Hamster in frisch geschaufelte Gräber. Damit sie sich aus ihrer misslichen Lage befreien können, schieben die Totengräber Pfosten in die bis zu 2,70 Meter tiefen Gräber. Darauf klettern die Nager hoch. Die Idee, sie herauszuheben, sollte man verwerfen: Sie blasen die Backentaschen auf, fauchen – und beißen zu. Der Wiener Zentralfriedhof ist ein »Naherholungsgebiet«, das auch den Hamstern gefällt.

»Wer hat geläutet?« –
Geschichten vom Scheintod

Ein Totenbeschauamt (Totenbeschreibamt), ohne dessen Zustimmung keine Leiche bestattet werden durfte, war in Wien zwar schon zu Beginn des 17. Jahrhunderts errichtet worden, doch die Vornahme einer amtlichen Totenbeschau bei jedem Verstorbenen wurde erst durch eine am 20. Oktober 1656 erlassene Infektionsordnung anbefohlen. Die Einführung einer obligatorischen Totenbeschau erfolgte allerdings erst durch das kaiserliche Patent vom 26. August 1714.

Dennoch war die Angst vor dem Scheintod, das heißt dem Lebendigbegrabenwerden, vor allem in der Zeit der Aufklärung und auch noch im 19. Jahrhundert besonders groß. Bereits 1753 durfte eine Beerdigung aufgrund eines Hofrescripts erst 2 mal 24 Stunden nach dem Ableben erfolgen, mit der Anordnung zur Errichtung von Totenkammern zur Abstellung von Leichen.

1797 schrieb ein Hofdekret, »bewogen durch die schreckliche Vorstellung, dass mehrere Scheintote zur grausamen Marter lebendig begraben wurden«, vor, dass an der Hand einer jeden im offenen Sarg befindlichen Leiche eine Schnur anzubringen ist, die mit einer Glocke im Zimmer des nächsten Anwohnenden, das heißt des Totengräbers, verbunden sein musste (Rettungswecker).

Wenn Sie nicht tot sind – bitte klingeln!

Auch auf dem neu errichteten Wiener Zentralfriedhof gab es eine Leichenhalle mit »zweischläfrigen Bänken«, an denen Messingplatten mit elektrischen Leitungen zum Zimmer des Totenwächters angebracht waren. Sollte nun ein Scheintoter wieder zum Leben zurückfinden, so läutete es durch den Kontakt mit der Messingplatte in der Kammer des Wärters. Dieser musste nun in der Leichenhalle Nachschau halten und die höfliche Frage stellen: »Bitte, wer hat geläutet?« Es ist nicht erwiesen, dass tatsächlich je ein Alarm ausgelöst wurde. Diese Anlage existierte bis 1920 und wurde auch auf anderen städtischen Friedhöfen übernommen.

* * *

Die Sorge, scheintot begraben zu werden, war weit verbreitet. So schützte das Kaiserliche Patentamt unter der Nummer 83933 einem Herrn Edmund Naundorf aus Luckenwalde im Jahr 1895 einen »Sarg mit Schaufenster«. Das Fenster hatte Haken, »unter welche auf der Innenseite des Sargdeckels drehbar angeordnete Riegel greifen, die gleichzeitig mittelst einer Schnur, deren Schleife zweckmäßig um die Hand des Eingesargten gelegt wird, bethätigt werden können.« Dies erfand Herr Naundorf, »um Scheintodten die Möglichkeit zu geben, sich nach außen bemerkbar zu machen, so lange der Sarg sich über der Erde befindet«.

* * *

Johann Nestroy (1801–1862) hält fest: »*Das Einzige, was ich beym Tode fürchte, liegt in der Idee der Möglichkeit des Lebendigbegrabenwerdens (. . .) Die Todtenbeschau heißt so viel wie gar nichts, und die medizinische Wissenschaft ist leider noch in einem Stadium, dass die Doctoren – selbst wenn sie einen umgebracht haben – nicht einmal gewiss wissen, ob er todt ist.*« Ein weiteres Zitat aus dem Testament Johann Nestroys lautet: »*Mir soll ins Herz ins Herz gestochen werden.*«

* * *

Auch der dänische Schriftsteller Hans Christian Andersen (1805–1875) fürchtete, dass man ihn einmal lebend begraben könnte. Jeden Abend, bevor er ins Bett ging, schrieb er auf einen Zettel: »Ich bin nicht tot, nur scheintot.«

Diesen Zettel legte er auf den Bettvorleger, wo er jedermann auffallen musste. Und jeden Morgen hob sein Diener den Zettel auf, las ihn und warf ihn weg.

* * *

Der Komponist Giacomo Meyerbeer (1791–1864) trug ständig eine letztwillige Verfügung bei sich, deren Finder 1000 Taler Belohnung erhalten sollte und worin er eine längere Frist vor der Bestattung erbat.

* * *

Der Philosoph Arthur Schopenhauer (1778–1860) hatte testamentarisch festgesetzt, dass man ihn sechs Tage nach seinem Ableben unangetastet in seinem Bett liegen lassen sollte.

* * *

Als prominentestes Opfer unter den lebendig Begrabenen gilt der russische Erzähler Nikolaj Gogol (1809–1852), dessen Gebeine bei einer Umbettung wenige Jahre nach der Beerdigung in derart verkrümmter Haltung vorgefunden wurden, dass man annimmt, der große Dichter habe im Grab verzweifelt um sein Leben gekämpft.

* * *

Aus Gotha in Thüringen ist ein »Noth- und Hüls-Büchlein für Bauerleute« (1788) überliefert, mit entsprechenden Richtlinien und Ratschlägen zur Verhütung des Lebendigbegrabenwerdens im 18. Jahrhundert:

Es muss jeder Hausvater, der kein Mörder an den Seinigen werden will, selbst darauf sehen, dass aus seinem Haus keine Leiche eher hinausgetragen werde, bis sie anfängt nach Verwesung zu riechen.

Es müssen die Tischler oder Schreiner, welche die Särge machen, wenn sie Meister werden wollen, sich von einem von der Obrigkeit dazu bestellten Arzt unterrichten lassen, dass sie die rechten Kennzeichen des Todes unterscheiden lernen. Wenn sie beim Maßnehmen zum Sarg finden, dass die verstorbene Person vielleicht nur in einer Ohnmacht liegen könnte, muss man sie darauf verpflichten, dass sie es sogleich bei der Obrigkeit anzeigen. Auch dürfen sie den Deckel zum Sarg nicht eher abliefern, bis die Leiche anfängt zu riechen.

Man muss einen Kranken, mit dem es wirklich aus zu sein scheint, doch nicht gleich den Augenblick aus dem Bett nehmen, und wenn es Winter ist, aus der Stube hinausbringen. Sondern man muss ihn drei bis vier Stunden noch im Bett warm zugedeckt lassen.

* * *

In der »Diarium«-Ausgabe vom 21. Oktober 1730 hieß es dazu in einem Bericht aus Paris:

Häftling stieg bei Begräbniß aus Sarg.

Er sasse neben einem Gefangenen / welcher gestorben ware / und bereits in dem Sarg lage / diesen nahme er heraus / legte ihne an seinen Platz / sich selbsten aber in den Sarg.

Soweit, so gut. Zum Gelingen des Plans gehörte jedoch mehr: Der Ausbrecher *liesse sich also zum Grabe tragen / als man nun ihne an dem Ort der Begräbniß niedergesetzet / machte er in dem Sarg ein greuliches Gepolder dass die Leute / welche bereits beschäftiget waren ihne*

zu begraben / mit entsetzlichem Schröcken darvon lieffen /
wordurch der Gefangene Gelegenheit bekame / sich mit der
Flucht zu erretten.

Erzählungen der vor Angst schlotternden Zeugen des Geschehens dürften bei den Anrainern des Gottesackers rasch die Runde gemacht und ebenfalls Ängste vor Geistererscheinungen geschürt haben. Sofortige Nachforschungen oder gar eine Verfolgungsjagd waren damit praktisch ausgeschlossen. Das bedeutete für den findigen Häftling einen beträchtlichen Vorsprung. Im Pariser Häusermeer konnte der Entflohene mühelos untertauchen. Vielleicht schaffte er es sogar, ein neues Leben zu beginnen, ohne wieder straffällig zu werden. In diesem Falle hätte das Gefängnis im 18. Jahrhundert doch einen Menschen gebessert.

Das Testament und Begräbnis des Wiener Klavierfabrikanten Ludwig Bösendorfer (1835–1919)

Am 23. Februar 1914 verfasste Bösendorfer sein Testament. Darin hieß es zu Beginn: »Ich setze zu Erben meines gesamten Nachlasses eine Stiftung für Musikzwecke ein, welche den Namen – Ludwig Bösendorfer Stiftung der k.u.k. Gesellschaft der Musikfreunde in Wien – führen soll.«

Schon anlässlich des Todes seiner ersten Gattin verfügte Bösendorfer für sein eigenes Ableben testamentarisch das Folgende:

»Wenn ich verschieden bin, sollen alle Vorsichtsmittel gegen Scheintod gebraucht, insbesondere der Herzstich vorgenommen und meine Leiche seciert werden; meine Leiche soll in einfacher Hauskleidung, in einfachstem Holzsarge – wenn möglich durch meinen Kutscher Neptersill, auf einem Klavierwagen und mit meinen eigenen Pferden – in die Beisetzkammer auf dem Zentralfriedhofe gebracht werden.

Ich will also keine Waschung, keine Aufbahrung, keine Hauseinsegnung, keine Blumen, keine Kränze haben; auch keine Grabreden.«

So geschah's auch nach dem Tode Ludwig Bösendorfers am 9. Mai 1919. Seinem Wunsch gemäß wurde er des Nachts auf einem seiner Klavierwagen auf den Zentralfriedhof übergeführt, nur vom Vizepräsidenten der Gesellschaft der Musikfreunde, Dr. Ernst Kraus, und seinem Geschäftsnachfolger, Kommerzialrat Karl Hutterstrasser, begleitet.

Seltsame Grabbeigaben

Bei der Luxusmesse in Verona wurde ein vergoldeter Sarg mit Innenausstattung aus feinster Seide präsentiert, der für den Fall des Scheintods über eine Notrufeinrichtung verfügt. Der Sarg kostet 280 000 Euro.

Über das ausgeklügelte Notfallsystem kann man Angehörige unter einer zuvor angegebenen Telefonnummer anrufen oder einen Hilferuf in 50 Sprachen absetzen. Die Energieversorgung erfolgt über eine Lithium-Batterie mit einer Lebensdauer von mehreren Monaten.

* * *

Die Iren beweisen, dass es auch einfacher und vor allem günstiger geht. In Irland besitzen nach Angaben der Telekommunikationsbehörde inzwischen 94 Prozent der knapp vier Millionen Einwohner ein Mobiltelefon. Bei einer solchen Versessenheit auf das Handy liegt es nahe, dass immer mehr Iren auf die Idee kommen, ihren verstorbenen Angehörigen ein solches mit ins Grab zu geben.

* * *

»Händy-Couplet« – Friedhofsstrophe[30]

Und legt man mich einmal zur Ruh',
bevor dann der Deckel geht zu,
da legt's mir a Handy hinein,
es sollt halt für ewig was sein,
und wann i im Himmel kumm an,
i bin sicher, da werd's ihr schön schau'n,
wann alle beim Leichenschmaus san,
ruf ich schon zum ersten Mal an.
(Musik und Text: Heinz Riemer, Erich Zib)

Der Fall Berta Weiner[31]

2 Partezettel
2 Todesbescheinigungen

Was ist da geschehen?
19. Februar 1991, früher Vormittag: Der Neffe findet die Frau ohne Lebenszeichen in der Wohnung auf.
Notärztin stellt den Tod fest – etwa 9.00 Uhr
Totenbeschauarzt kommt um 12.00 Uhr: Herzinfarkt
Todesbescheinigung wird ausgestellt (Zeitpunkt des Todes: 18. Februar, 20.00 Uhr)
19. Februar, gegen 19.00 Uhr: Städtische Bestattung Wien kommt, nach dem Einsargen in den Leihsarg – Lebenszeichen!
Intensivstation Elisabeth-Spital
Unterkühlung, Schlafmitteleinnahme.
Der Scheintod der Berta Weiner löste im Februar des Jahres 1991 in ganz Österreich eine wahre Lawine über Geschichten vom Lebendigbegrabenwerden aus:

---

30 Copyright: Radio Wienerlied Musikverlag www.radiowienerlied.at
31 Bericht von Prim. Univ.-Prof. Dr. med. Hans Bankl

Als die Bestattung kam:
Wienerin war nur scheintot
(*Neue Kronen Zeitung, 21. Februar 1991*)

Scheintote Wienerin: nach neun Stunden Lebenszeichen
Zwei Ärzte erklärten Frau für tot: Sie lebt
(*Kurier, 21. Februar 1991*)

Wien-Währing: Die Bestatter bemerkten Lebenszeichen
Lebende Frau für tot erklärt
(*Wiener Zeitung, 21. Februar 1991*)

Vom »Tode auferstanden«
Ärzte hielten Frau für tot, bevor Bestatter sie lebend vorfanden
(*AZ, 21. Februar 1991*)

Lebende Frau wurde für tot erklärt
Notärztin und Totenbeschauarzt waren sicher, Bestatter bemerkte Lebenszeichen
(*Der Standard, 21. Februar 1991*)

Die scheintote Frau starb am Donnerstag – nun ermittelt der Staatsanwalt: Waren die Fehldiagnosen »fahrlässige Tötung«?
Nach Fehldiagnose: Pensionistin starb zweimal
(*AZ, 22. Februar 1991*)

»Scheintote« Frau ist gestorben
Obduktion soll Klarheit bringen
(*Der Standard, 22. Februar 1991*)

Wienerin, die von zwei Ärzten für tot erklärt worden ist, konnte nicht gerettet werden
(Neue Kronen Zeitung, 22. Februar 1991)

Wolf Martin hat in der Neuen Kronen Zeitung vom 23. Februar 1991 der 78-jährigen Wienerin Berta Weiner eine Glosse gewidmet:

In den Wind gereimt

Bekommt auch heut noch öfters ein
Scheintoter einen Totenschein?
Erwacht womöglich – wie makaber –
Erst, wenn's zu spät, im kühlen Grab er?
War jener traurige Skandal
Ein absoluter Einzelfall?
Da kann man ganz beruhigt sein,
versichert man uns allgemein,
im Sarg wird niemand mehr rumoren.
Des Fachmanns Wort in Gottes Ohren.
Dass er so spricht, ist seine Pflicht,
beweisen aber kann er's nicht.
Ein Drama, welches deckt die Erden,
wird wohl so leicht nicht ruchbar werden.

* * *

Mag das Thema »Scheintod« heute als übertriebene Schauergeschichte abgetan werden, vielleicht war die Angst des guten Nestroy vor dem »Lebendigbegrabenwerden« gar nicht eine so unbegründete. Meine gesammelten »Scheintodgeschichten« aus den Jahren 2008 bis 2012 beweisen, dass dieses Thema leider noch immer aktuell ist.

Briefwechsel

Es war Ende September 2009, als ich als »Friedhofsführer« eine Gruppe von 25 Damen und Herren aus Wiener Neustadt zu den Ehrengräbern auf dem Wiener Zentralfriedhof begleiten durfte. Unter den Besuchern war auch ein Ehepaar, Paul und Susi Roth aus der Schweiz. Als kleines Dankeschön überreichten sie mir »Das Original René Schweizer, ein Schweizerbuch« (Die besten Briefwechsel aus 30 Jahren taktischem Wahnsinn) mit dem Hinweis: »Da werden Sie sicher auch einige Leichen finden«. Und ich fand 15 besondere Briefleichen. Der Verlag »Der gesunde Menschenverstand« hat mir liebenswürdigerweise die Abdruckgenehmigung von maximal fünf Briefen erteilt.

René Schweizer
c/o Francisco Bassols
L'Arieta
Cadaques / GE
Espana

10. August 1974

An die Direktion des
Friedhofs am Hörnli
Hörnliallee
Riehen

Sehr geehrte Herren,

mein Grossvater David Schweizer-
Leibrock, welcher im Jahre 1961 gestorben und in Ihrem Friedhof begraben worden ist, erschien mir im Traum
und beklagte sich darüber, wie kalt
es in seinem Grab sei.
Ich möchte Sie nun höflich anfragen, ob es eventuell möglich wäre,
eine Heizung einzubauen.
Für eine baldige Antwort danke ich
Ihnen im voraus und verbleibe

mit freundlichen Grüssen
René Schweizer

René Schweizer
c/o Erica von Dijk
Valeriusstraat 205
Amsterdam   18. November 1974

An die Direktion des
Friedhofs am Hörnli
Hörnliallee
Riehen

Sehr geehrte Herren,

ich habe Ihnen am 10. August einen Brief geschrieben und Sie um eine Information gebeten. Es handelt sich um meinen Grossvater David Schweizer-Leibrock, welcher im Jahre 1961 gestorben und in Ihrem Friedhof begraben worden ist. Er erschien mir im Traum Und beklagte sich darüber, dass es in seinem Grab sehr kalt sei.

Ich wollte von Ihnen wissen, ob es eventuell möglich wäre, eine Heizung einzubauen, obwohl mein Grossvater kremiert worden ist.

Da ich keine Antwort erhalten habe, glaubte ich, die Sache hätte sich von selbst erledigt. Gestern jedoch erschien mir mein Grossvater wieder und beklagte sich darüber, dass es jetzt sogar noch kälter sei in seinem Grab. Ich versprach ihm, nochmals einen Anlauf zu nehmen und Ihnen seinen Wunsch zu wiederholen.

Ich wäre Ihnen äusserst dankbar, wenn Sie mir eine Lösung vorschlagen könnten, da ich es leid bin, mich mit den Spinnereien eines Toten abzugeben.

Mit bestem Dank für Ihr Verständnis und Ihre Mühe verbleibe ich

Hochachtungsvoll
René Schweizer

FRIEDHOFAMT BASEL-STADT
4125 RIEHEN 2

```
Friedhof am Hörnli          Herrn
Tel. 061 / 49 40 00  René Schweizer
25.11.74             c/o Erica van Dijk
WR/sch               Valeriusstraat 205

           A m s t e r d a m / NL
Betr.: Grab Abt. 6 Sekt. F Nr. 1723
- Schweizer-Leibrock, David
```

Sehr geehrter Herr Schweizer,
Wir bestätigen Ihnen den Erhalt Ihres Schreibens vom 18. 11. 74. Auf Ihr Schreiben vom 10.8. antworteten wir Ihnen nicht, weil wir an einen Scherz glaubten. Da Sie jedoch auf einer Antwort beharren, nehmen wir an, dass Ihnen die Lösung dieses Problemes sehr am Herzen liegt.

Leider müssen wir Ihnen mitteilen, dass der Einbau einer Grab-Heizung praktisch unmöglich ist. Die Urnen liegen jedoch in einer Tiefe von 90 cm. Die darüberliegende Erde bewirkt eine gewisse Isolation, welche die Bodentemperaturen im Grab gleichmässig halten.

Wir hoffen, dass dies zu Ihrer Beruhigung genügt und verbleiben

mit vorzüglicher Hochachtung
FRIEDHOFAMT
BASEL – STADT
Unterschrift

René Schweizer
c/o Erica van Dijk
Valeriusstraat 205
Amsterdam   27. November 1974

An die Direktion des
Friedhofs am Hörnli
Hörnliallee
Riehen

Betr.: Grab Abt. 6 Sekt. F Nr. 1723
– Schweizer-Leibrock, David

Sehr geehrter Herr WR,
herzlichen Dank für Ihre Antwort
vom 25. ds.
Ich werde von jetzt an jede Nacht
den Brief unters Kopfkissen legen.
Falls der Grossvater wieder er-
scheint, soll er ihn lesen.
Hoffentlich lässt er mich dann in
Ruhe.
Nochmals herzlichen Dank für Ihre
Mühe.

         Mit freundlichen Grüssen
         René Schweizer

Es folgen weitere Briefe bezüglich der Grabheizung für
die Grabstelle des Großvaters, und die Korrespondenz
endet mit dem Antwortschreiben eines Psychiaters:

INSTITUT FÜR GRENZGEBIETE DER PSY-
CHOLOGIE UND PSYCHOHYGIENE
LEITER: PROF. DR. HANS BENDER

78 FREIBURG I. BR., 11. 12. 1975
EICHHALDE 12 – TEL. 5 90 35

Herrn
René Schweizer
Auf der Lyss 20
CH-4051 Basel

Sehr geehrter Herr Schweizer,

das Anliegen, das Sie mir mit Ihrem Brief vom 3. 12. 1975 vorlegen,
ist zumindest kurios. Ich möchte Ihnen empfehlen, den sich in, wie Sie
schreiben, unregelmäßigen Abständen
wiederholenden Traum von dem »kalten
Grab« einmal symbolisch zu betrach-
ten. Vielleicht sagt er aus, dass
die Erinnerung an Ihren verstorbenen
Großvater so kalt ist und mehr Wärme
erfordert. Im Grab eine Heizung einzubauen, halte ich – offen gestanden
– für absurd. Dieses Anliegen bei zu-
ständigen Regierungsstellen zu ver-
treten, gefährdet meines Erachtens
Ihr »Image«.

Mit freundlichen Grüßen
   H. Bender
   (Prof. H. Bender)

Auch die Städtische Bestattung Wiener Neustadt erhielt am 27. Januar 1993 eine besondere briefliche Anfrage. Dieser Brief blieb unbeantwortet, das beigelegte Rückporto von öS 20,- wurde der Kaffeekasse zugeführt.

```
Walter K.
1080 Wien

An die
Städtische Bestattung Wiener Neu-
stadt
Direktion

Ferdinand Porsche-Ring 2a
A-2700 Wiener Neustadt

Sehr geehrte Direktion!

Ich will, wenn ich gestorben bin,
in Wiener Neustadt begraben werden.
Allerdings in einem Komfortgrab (Eu-
rograb), mit Klimaanlage, Dusche, WC
und Kabelfernsehen. Ist das in Wiener
Neustadt schon möglich, oder müssen
wir erst auf die EG warten?

Mit bestem Gruße
Walter K.
Wien, 1993 01 23

PS: öS 20,- lege ich für das Rück-
porto bei. Danke!
```

* * *

Dieser Brief wurde an den Notar Karl-Heinz Boor in Wiesbaden gerichtet:

> *Sehr geehrter Herr Notar!*
> *Bitte machen Sie folgenden Zusatz zu meinem Testament:*
> *Ich mag nichts wissen von der Neuerung der Leichenverbrennung.*
> *Ich will einmal begraben sein, wie ich's von Jugend an gewohnt bin.*
>
> *Ida Großmann*
>
> *16. 12. 1911*

* * *

Höfliche Anfragen an ein katholisches Pfarramt betreffend Otto Hauss, geb. 27. 11. 1919:

> *12. Sep. 1936*
>
> *1) Helfen Sie mir bitte, bei der Auffindung meiner Großmutter; sie muß sich in dem dortigen Kirchenbuch befinden.*
> *Nähere Angaben kann ich nicht machen, da meine Mutter schon 1924 starb und mich als einziges Vermächtnis hinterließ.*
> *2) Sodann bitte ich um Auskunft, ob in dem dortigen Sterberegistern mein toter Großvater erscheint. Er starb von 1921 bis 1940.*

3) Schicken Sie mir bitte die Papiere meines Großvaters, die dieser nach seinem Tod ausgestellt erhielt.

Rundschreiben an alle Bürger von Milwaukee

Gestern starb Mr. John Brown, Hutfabrikant und Bürger von Milwaukee.

Er wurde von jedermann, der ihn kannte und mit ihm in Geschäftsverbindung stand, hochgeschätzt. Mr. Brown war ein Ehrenmann und ein genialer Hutmacher. Seine vorzüglichen Eigenschaften wurden allgemein anerkannt, ebenso wie die Qualität seiner Hüte, das Stück zu zwei Dollar. Der Verewigte hinterlässt eine trostlose Witwe und einen großen Vorrat an Winterhüten, die jetzt zum Erzeugungspreis abgegeben werden.

John Brown verließ diese Welt gerade in dem Augenblick, da er ein riesengroßes Lager von Filz angekauft hatte, sodass seine Witwe in der Lage ist, die ganze Stadt samt der Umgebung mit einzigartig guten Hüten zu versorgen. Frau Brown, von tiefem Schmerz erfüllt, wird das Geschäft des Verstorbenen unter derselben Firma weiterführen und alle neuen Kunden reell und kulant bedienen.

Brown
Die Geschäftsleitung

Montag und Dienstag ist Sterben verboten und andere amtliche Leichen

Montag und Dienstag ist Sterben verboten

Es klingt wie ein Aprilscherz, aber es ist wahr. Die US-Gemeinde Hotchkiss hat alle Verbrechen, Unfälle und das Sterben für die ersten beiden Wochentage verboten. Der 780-Seelen-Ort protestiert damit gegen ein am 1. Juli im US-Staat Colorado erlassenes Gesetz, das die

Anstellung von Hilfspolizisten untersagt. Der einzige Polizist in Hotchkiss hat Montag und Dienstag frei.

Großbritannien

Seit dem Jahre 1279 ist es auf der britischen Insel ehernes Gesetz: Auch wenn im Parlament verbal scharf geschossen wird, ist es allen Parlamentariern untersagt, Rüstungen zu tragen. Wenigstens dürfen sich die Mandatare in dem Gebäude frei bewegen. Doch beim Sterben ist wieder Schluss mit Freiheit: Ein Gesetz verbietet das Dahinscheiden im Westminster-Palast. Erlischt das Leben dennoch ausgerechnet hier, muss der Leichnam rasch vor Ausstellung der Sterbeurkunde aus dem Palast gebracht werden. Andernfalls hätte der Verblichene Anspruch auf ein Staatsbegräbnis. Insgesamt gibt es im Vereinigten Königreich 28 000 Gesetze, die vor dem Jahre 1801 erlassen wurden – und heute noch Geltung haben.

Zu wenig Platz zum Sterben

Wegen Platzmangels erlässt ein Bürgermeister in Südfrankreich als erster Politiker der Welt im November 2007 ein Sterbeverbot. Sein Beispiel macht Schule:

Weil auf dem Friedhof kein Platz mehr ist, will ein brasilianischer Bürgermeister das Sterben verbieten. Einen solchen Vorschlag brachte Roberto Pereira da Silva, Stadtoberhaupt von Biritiba Mirim nahe Sao Paolo, jetzt im Stadtparlament ein. Die Einwohner der Stadt wurden dazu angehalten, auf ihre Gesundheit zu achten, um nicht zu sterben.

Wer dagegen verstoße, werde zur Verantwortung gezogen. Ein Strafmaß wurde nicht genannt. Hintergrund des ungewöhnlichen Vorschlags: Umweltgesetze verbieten Gemeinden in Trinkwassergebieten wie in Biritiba Mirim den Neu- und Ausbau von Friedhöfen – ebenso wie das Einäschern von Toten. Auf dem Friedhof der Stadt wurden bislang 50 000 Menschen beigesetzt. Die Kapazität ist voll ausgeschöpft. Man habe bereits Menschen unter den Gehwegen begraben müssen, sagte der Bürgermeister.

Seit März 2012 ist auch in einer süditalienischen Kleinstadt das Sterben offiziell verboten. »Das Gesetz hat für Freude gesorgt«, erklärt Bürgermeister Giulio Cesare Fava, »leider haben sich schon zwei ältere Bürger widersetzt.« Das Städtchen Falciano del Massico liegt rund 50 Kilometer von Neapel entfernt.

Öffnungszeiten

In Moskau preist man einen Friedhof, wo berühmte russische Komponisten, Maler und Schriftsteller täglich außer donnerstags begraben werden.

Beweismittel

Bestürzung in einem Gericht in Washington: Als ein 21-Jähriger wegen eines versäumten Termins bestraft wurde, brachte er die Urne seiner Mutter als Beweis mit, dass er beim Begräbnis war.

Luxussteuer

Cola-Steuer, Regen-Steuer, Leichenwagen-Luxus-Steuer – beim Erfinden neuer Abgaben ist man in der EU besonders stark. Nach einer Neuregelung gelten Leichenwagen nicht mehr als Nutzfahrzeuge. Sie werden steuerlich mit Luxusautos gleichgesetzt.

China

In China darf ein ertrinkender Mensch offiziell nicht gerettet werden, weil ein Mensch nicht über Leben und Tod entscheiden soll, sondern das Schicksal.

Hamburg

Schon vor etwa 250 Jahren regelte man in Hamburg die Bestattung von Leichen. Eine dieser Verordnungen (aus dem Jahr 1746) befasst sich mit den Abendleichen in der »heilsamen Absicht, die bey den Abend-Leichen eingerissene Pracht und Ueppigkeit, so viel wie möglich, zu hemmen ...« Dazu bedurfte es u. a. einer Gebührenregelung zugunsten der Reitendiener, der Hochzeit und Leichen-Bitter und der Marstall-Kutscher; aber auch anderer Vorschriften wie »die erste Abend-Leiche soll im Sommer aufs späteste um 10 Uhr, im Winter aber praecise um 8 Uhr zugefahren werden, bey 30 Rthlr. Strafe« oder »zu einer Abend-Leiche sollen höchstens nicht mehr als 24 Leuchten genommen werden, der Pachter auch nicht mehr als zweyerley Art derselben, nehmlich zu 6 und 8 Schilling zu vermieten, und sich mit genugsamen Leuchten beiderley Arten zu versehen«.

Toter gewinnt Wahl

»Bei den rumänischen Kommunalwahlen hat ein Toter die Bürgermeister Stichwahl gewonnen. Obwohl er am Wahltag verstorben war und sich das im Dorf auch herumgesprochen hatte, erhielt der 58-jährige Kandidat (er war seit 18 Jahren im Amt) die meisten Stimmen. Wie es jetzt weitergeht, weiß niemand.« *(KURIER, 17. Juni 2008)*

Was auf Münchens Friedhöfen verboten ist

Etwa 250 000 Gräber gibt es auf den 29 städtischen Friedhöfen. Die Friedhofsatzung schreibt ein pietätvolles Verhalten vor. Aus Respekt vor den Toten und Trauernden ist kein Sport gestattet, neben Radfahren, Joggen und Ballspielen ist auch Sonnenbaden in unangemessener Kleidung untersagt. Ebenso sind ausgedehnte Picknicks verboten – Lärmen, Alkohol, Grillen und Partys sowieso. Bei groben Verfehlungen kann die Polizei Bußgelder erheben.

Noch immer verstorben

Bezirksgericht Floridsdorf, Wien: »Für die betreibende Partei und für die verpflichtete Partei ist niemand erschienen. Der Beschluss wurde der verpflichteten Partei zu eigenen Handen zugestellt. Die Pfändung wurde nicht vollzogen, weil der Verpflichtete noch immer verstorben ist.« *Der Gerichtsvollzieher*

Strafmandat

Vier Wochen lang steckten Polizisten in New York mehrmals täglich Strafmandate unter die Scheibenwischer eines falsch geparkten Autos – dann riefen sie einen Abschleppdienst. Erst dessen Mitarbeiter fanden auf dem Fahrersitz des Kleinbusses, dessen Fenster noch dazu offen war, ein Skelett. Der 59-jährige Lenker hatte offenbar vor längerer Zeit einen Herzinfarkt erlitten und keine Hilfe mehr rufen können.

Kanada

Ein Brite, der die Asche seines verstorbenen Freundes auf dessen Wunsch hin in Kanada verstreuen wollte, ist von Grenzbehörden festgenommen und fünf Tage ins Gefängnis gesteckt worden.

Zu lange am Grab getrauert – Geldstrafe

Der Friedhof schloss um 16 Uhr, fünf Minuten später trauerte eine Witwe immer noch am Grab in Brisbane. Dafür musste sie 250 Euro Strafe zahlen.

Gericht sucht einen 148-Jährigen

Todeserklärung. In Eisenstadt endet ein kurioser Fall um einen seit vielen Jahrzehnten verschollenen Mann.

Bis 31. Mai 2015 sollte sich Josef Kren, geboren am 20. Juli 1866, bei Gericht melden: wenige Wochen vor seinem 149. Geburtstag also. Um es vorwegzunehmen: Er hat sich nicht gemeldet. Mit seiner Todeserklärung findet damit am Bezirksgericht Eisenstadt ein kurioser Fall seinen Abschluss.

»Karenz für Sterbende: Man erhält zwar kein Gehalt, ist aber voll kranken- und pensionsversichert.«

(Aus der OZ, Oberwarter Zeitung)

Vom Unfug des Sterbens

Anstelle eines Vorwortes eine Vorrede:
»Der Unfug des Sterbens«

Bessere Amerikaner sterben nicht mehr, – sie sagen, es sei eine mindere Gewohnheit, – freudlos und zeitraubend! Etwas für zurückgebliebene Europäer allenfalls, sie aber streiken, – bilden einen Trust, – wollen nicht, – tun einfach nicht mehr mit, – Punktum! Auch gute Christen, die ohnehin ihr unsterbliches Teil haben, denen Millionen Wiederverkörperungen durch den Mitgliedsbeitrag garantiert scheinen, schließen sich voll Eifer der Bewegung an! Das Offert ist zu günstig! Weg mit dem Tode wie mit der Matura. Außerdem – Zeit ist Geld, auch zwischen den Inkarnationen. So spricht mancherlei dafür, mit dem Unfug des Sterbens endgültig zu brechen, und in Amerika hat sich auch während der letzten zwanzig Jahre eine förmliche Bewegung der Unsterblichkeit herausgebildet, das banditenhaft dem Schicksal die Pistole vorhält, aber statt: »Geld oder Leben« – unbescheidener: »Geld und Leben« fordert!

Diesen Text fand ich im Buch »Der Unfug des Sterbens« von Prentice Mulford aus dem Jahr 1890.

Zehn kleine Negerlein

Das böse Wort mit N: Soll man Menschen mit dunkler Hautfarbe als Schwarzafrikaner, Schwarzer oder Farbiger bezeichnen? Letzteres ist bei uns zwar gebräuchlich, wird aber in Afrika meist für Mischlinge verwendet. Da gibt es einen wunderbaren Text, gefunden in einem Reiseführer, der Autor ist leider unbekannt:

Wenn ich zur Welt komme, bin ich schwarz –
Wenn ich aufwache, bin ich schwarz –
Wenn ich krank bin, bin ich schwarz –
Wenn ich in die Sonne gehe, bin ich schwarz –
Wenn ich friere, bin ich schwarz –
Wenn ich sterbe, bin ich schwarz.

Aber du!
Wenn du zur Welt kommst, bist du rosa –
Wenn du aufwachst, bist du weiß –
Wenn du krank bist, bist du grün –
Wenn du in die Sonne gehst, bis du rot –

Wenn du frierst, bist du blau –
Wenn du stirbst, bist du grau.
Und du bezeichnest mich als Farbigen?

In den 50er Jahren spielte man im Radio den Schlager »Mach nicht so traurige Augen, weil du ein Negerlein bist«, gesungen von Leila Negra. Liebevoll wurde auch der erste schwarze Fußballspieler in Österreich, der Brasilianer Jacare, in den 60ern bei Austria Wien »Murl« genannt.

Dennoch müssen wir wahrscheinlich die von uns geliebten Süßigkeiten wie Negerbrot, Mohr im Hemd und Negerküsse umbenennen.

Auch Agatha Christie musste umdenken, denn ihr Krimi »Zehn kleine Negerlein«, Titel des Originalbuches »Ten Little Niggers« or »The Last Weekend«, Copyright 1951, erhielt den neuen Buchtitel »Und dann gab's keines mehr«.

* * *

»Ich freu mich aufs Sterben wie aufs Christkindl.«
(Lotte Ingrisch)

* * *

»Wenn ich sterbe, und man legt mich ins Grab,
dann holt mich mein total geliebter Schutzengel ab,
beim schönsten Sterbeglockengebimmel heb ich ab ...«
(Nina Hagen)

Vor dem Tod noch schnell ein Glas Champagner

Die Ehefrau von Anton Tschechow, die Schauspielerin Olga Knipper, überlieferte die Sterbeszene ihres Mannes ungefähr so: *Er wachte auf und bat erstmals in seinem Leben darum, einen Arzt zu holen. Es kam der Doktor, verfügte, ein Glas Champagner zu bringen. Anton setzte sich auf und sagte irgendwie bedeutungsvoll, laut zu dem Arzt auf Deutsch (er konnte nur sehr wenig Deutsch!): »Ich sterbe …« Dann nahm er das Glas, trank in aller Ruhe aus, legte sich still auf die linke Seite und war bald für immer verstummt.*

Gute und schlechte Nachrichten für die Männerwelt und andere Studien

Männer sterben doch nicht aus – sie sind kein Auslaufmodell! Lange Zeit haben Experten vermutet, das für Männer spezifische Y-Chromosom gehe langsam zugrunde. Das hätte zur Folge, dass das starke Geschlecht aussterben würde. Es gibt nun einige gute Nachrichten: Eine Erbgutanalyse brachte das Ergebnis, dass dies nicht der Fall sein wird.

Die Ehe tut doch gut

Laut einer Studie der Universität Louisville leben verheiratete Männer rund zehn Jahre länger als Singles. Gründe dafür: Alleinstehende haben oft weniger Geld zur Verfügung und bei Krankheit nicht die Unterstützung eines Partners. Ich glaube, hier irrt die Studie: Verheiratete Männer leben nicht länger – es kommt ihnen nur so vor!

Reiche leben viel länger

Reichtum erleichtert vieles – und führt laut Experten zu einem längeren Leben. Dafür verantwortlich ist die höhere Konzentration eines Hormons, dessen Produktion durch einen gesunden Lebensstil und vielseitige Interessen gefördert wird.

Ungustln sterben früher

Eine interessante Erkenntnis, zumindest auf Sardinien. Forscher der Universität Baltimore untersuchten mehr als 5600 Sarden, und zwar zuerst die Konsistenz ihres Charakters und dann die ihrer Arterien. Ergebnis: Je aggressiver und rücksichtsloser eine Persönlichkeit, desto dicker die Gefäßwände – und desto höher das Risiko eines Infarktes. Der Schluss, dass ein mieser Charakter einen frühen Tod bedeutet, ist dennoch nicht zulässig, denn sonst müsste die Schurkerei nahezu ausgestorben sein.

Echte Playboys sterben früher

Schlechte Nachrichten für alle Herren, die nicht ganz so brav sind: Playboys leben kürzer, denn die Suche nach ihren vielen Sexpartnerinnen macht körperlich schwach, enthüllt ein Forscherteam der University of New South Wales. Außerdem vernachlässigen echte Playboys die Nahrungsaufnahme und andere Dinge, weil sie andauernd nur mit Sex beschäftigt sind. Das hemmt die Entwicklung und kann bis zum frühen Tod führen, glauben die Wissenschaftler. Obwohl das Playboy-Urgestein Hugh Hefner (der Mann ist immerhin 86 Jahre alt) die Statistik Lügen straft.

Der Tod bevorzugt Geburtstage

Die Wahrscheinlichkeit, am eigenen Geburtstag zu sterben, ist um 14 Prozent höher als an jedem anderen Tag. Das zeigt eine Auswertung von Schweizer Todesstatistiken der Jahre 1969 bis 2008. Erfasst wurden darin mehr als zwei Millionen Personen.

Man könnte meinen, dass viele kranke Menschen höheren Alters versuchen, noch ihren letzten Geburtstag zu feiern, bevor sie sterben, heißt es in einer Mitteilung der Forscher der Universität Zürich. Die aktuelle Studie lasse jedoch vielmehr vermuten, dass der Stress rund um den Geburtstag den Tod mit verursache.

Lebenserwartung

Menschen, die zwischen September und November geboren wurden, haben eine höhere Lebenserwartung. Das fanden Forscher der University of Chicago heraus, indem sie die Daten von mehr als 1500 Menschen analysierten, die über hundert Jahre alt wurden, sowie die ihrer Geschwister und Lebenspartner. Die geringste Chance, hundert Jahre und älter zu werden, haben demnach im März, Mai und Juli Geborene.

* * *

Wer den Tod fürchtet,
hat das Leben verloren.
(Johann Gottfried Seume)

Ehrgeizige Menschen sterben 15 Jahre früher

Wer zu ehrgeizig ist, lebt permanent am Rande der Überforderung, warnen jetzt US-Forscher. Die Statistik ergab, dass Ehrgeizige auch 15 Jahre früher sterben.

Vorzeitiger Ruhestand senkt die Lebenserwartung

Österreichs Frührentner sterben vor allem wegen der ungesunden Lebensweise Monate früher als »normale« Pensionisten, besagt eine Studie.

Wer stundenlang fernsieht, lebt weniger lang

Wer im Schnitt täglich weniger als drei Stunden vor dem TV-Gerät sitzt, könnte seine Lebenszeit um rund zwei Jahre verlängern, berichten Forscher im Medical Journal des Research Center in Louisiana, USA. Es bedarf aber weiterer Analysen.

Oscar-Preisträger Robert de Niro

Der Schauspieler kann die meisten Filmtode vorweisen: Er starb bereits 14-mal, gefolgt von Bruce Willis, der 11-mal das Zeitliche segnete, und Johnny Depp, der 9-mal »den Löffel abgab«.

Den Löffel abgeben

Heute liegen in einer Schublade in der Küche zahllose Messer, Gabeln und auch Löffel. Früher war das anders – Besteck war im Haushalt immer knapp. Wenn der Älteste starb, bekam das jüngste Familienmitglied seinen Löffel, und der Senior hatte seinen Löffel abgegeben.

* * *

»Ich will irgendwann mal in den Spiegel schauen,
kurz bevor endgültig die Lichter ausgehen,
und sagen:
Okay, du hast die Welt
ein kleines Stückchen besser gemacht.«
(Milliardär M. Bloomberg, spendet 50 % seines Vermögens)

Der Friedhof: Vom Gottesacker zum Wohlfühlplatz

Gottesacker

Ursprünglich waren die Kirchhöfe (Gottesacker) um die Pfarrkirchen angelegt, da nur diesen mit einem fest umgrenzten Sprengel verbundenen Kirchen seit dem 8. Jahrhundert das Recht der Taufe und nach dem Jahr 785, als Karl der Große die Bestattung der Toten in den christlichen Kirchhöfen angeordnet hatte, das Recht des Begräbnisses zustand.

Antonio Vivaldi (1678 –1741)

Im Totenbuch des Dom-Metropolit-Pfarramtes zu St. Stephan findet man den Eintrag, der ein für allemal klarstellt, dass Vivaldi nicht, wie bis dahin angenommen, in seiner Vaterstadt Venedig gestorben ist, sondern in Wien. Als Todesursache wurde »an innrem Brand« angegeben. Der Komponist wurde auf dem Bürgerspitalsfriedhof neben der Karlskirche beigesetzt, der zu dieser Zeit als der Wiener »Armesündergottesacker« gilt. Einer der Knaben, die an seinem Grab das Requiem sangen, hieß Joseph Haydn.

Die Herrin von Murau

Anna Neuman wurde am 25. November 1535 in Villach in eine angesehene und wohlhabende Familie hineingeboren. Sie war eine der reichsten Frauen ihrer Zeit und überlebte fünf Ehemänner. Ihren sechsten Gemahl, den um 50 Jahre jüngeren Reichsgrafen Georg Ludwig von Schwarzenberg setzte Anna Neumann zum Universalerben ein. Als sie am 18. Dezember 1623 zu Grabe getragen wurde, war man sich zunächst unschlüssig, wo man die Protestantin beisetzen sollte. Da es damals unmöglich war, eine Protestantin auf einem katholischen Friedhof zu begraben, kam man auf die absurde Idee, sie so beizusetzen, dass der Kopf außerhalb des Gottesackers zu liegen kam. Erst im 19. Jahrhundert exhumierte man die Gebeine und setzte sie neben ihren letzten Ehemann in der Kapuzinerklosterkirche in Murau bei.

Was wäre Wien ohne den Zentralfriedhof?

Simmering, der 11. Wiener Gemeindebezirk, besteht aus den Teilen Simmering, Kaiserebersdorf und Albern. Sichtbarstes Wahrzeichen: die Gasometer. Die früheren Gasbehälter beherbergen heute Wohnungen, Büros, Shops und eine Konzerthalle.

Auch der Zentralfriedhof und Schloß Neugebäude befinden sich in Simmering.

Der Zentralfriedhof ist flächenmäßig der zweitgrößte Friedhof Europas. Mit geschätzten drei Millionen »Hauptgemeldeten« – ein Friedhof für alle Religionen. »Herr«, hat der Dichter Rainer Maria Rilke einst gebetet, »gib jedem seinen eigenen Tod.«

Hier auf dem Zentralfriedhof ist dieser Wunsch in würdiger Weise erfüllt …

Aber bevor der Friedhof am 1. November 1874 eröffnet werden konnte, mussten viele Hürden überwunden werden. Nur der Bereich von Kaiserebersdorf und Rannersdorf kam in Frage, denn dort herrschten die notwendigen geologischen Voraussetzungen, die ein Friedhofsgrund aufweisen muss: Es muss eine entsprechende Luft- und Wasserdurchlässigkeit vorhanden sein, um eine rasche Verwesung der Leichen zu gewährleisten.

Auch die Gefahr der Vergiftung der Gewässer, die von der nahe gelegenen Brauerei Schwechat (»Dreher'sche Brauerei«) 1841 genutzt wurden, galt es abzuwenden. Die Vorstadt-Zeitung vom 10. November 1869 schrieb schon von drohendem »Leichenbier«.

Das »Wiener Extrablatt« vom 28. Oktober 1874 gab unter dem Titel »Eine Probefahrt zum Wiener Zentralfriedhof« sehr gut die Einstellung der Presse zum neu errichteten Zentralfriedhof wieder. Der entsprechende Artikel endet mit den folgenden Worten: »Friedhof und Wartehalle, Totenkammer und Eingangspforte, alles ›provisorisch!‹ Es wird daher nichts anderes übrig bleiben, als auch die Gefühle der Pietät ›provisorisch‹ verstummen zu machen…« Ein Umstand übrigens, den der Zentralfriedhof noch mit einer andern Wiener Sehenswürdigkeit teilt: Auch das Riesenrad im Prater war nur »provisorisch« geplant.

Ein makabres Kuriosum: Wiener Friedhofexpress

Der Leichentransport über die relativ weiten Entfernungen stellte sich bald als viel komplizierter heraus, als man gedacht hatte. Schon der erste Winter des Jahres 1874, der besonders schneereich war, brachte es mit sich, dass viele Kondukte außerhalb Simmerings im Schnee stecken blieben, andere sogar umkehren mussten. Die Staatsbahnen waren zwar bereit, den Transport zu übernehmen, aber sie forderten von der Stadt Wien eine Garantiesumme, die der Magistrat nicht bereit war zu bezahlen.

Ein etwas makabres Kuriosum wurde daher überlegt: Architekt Josef Hudetz und Ing. Franz R. v. Felbinger planten eine Art »pneumatische Post«, mit der sie die Leichen von einer Leichenhalle auf einem Platz in der Wiener Innenstadt zum Zentralfriedhof befördern wollten. Eine »Begräbnishalle mit pneumatischer Förderung für den Central-Friedhof der Stadt Wien« sollte es werden:[32]

Die Anlage eines neuen Central-Friedhofes für die Stadt Wien ist durch die Ueberfüllung der bisher benützten Begräbnisstellen nothwendig geworden.

Die bisher vorgeschlagenen Transport-Mittel, wie Tramway und Wägen, sind jedoch nicht dahin abzielend, irgend

---

32   Aus: L. C. Zamarski, k. k. Hof-Buchdruckerei und Hof-Lithografie, Selbstverlag der Herausgeber

eine Veränderung der Art und Weise der Leichenbestattung selbst mit sich zu bringen, sondern sollen nur eine Erleichterung des Verkehres erzwecken.

Mit Ausnahme der eleganteren Leichenzüge ist nichts geschehen, um dem letzten Liebesdienste, welchen die Lebenden den Todten weihen, einen würdevolleren Charakter zu verleihen und sind die Einrichtungen der Pompes-funèbres-Gesellschaften mehr für die Bemittelten geschaffen, um deren Leichenzüge glanzvoller zu machen. Die Unbemittelten, welche bisher zu Fuss dem Sarge bis am Friedhof folgten, dürften also auch nach Eröffnung des neuen Central-Friedhofes in ähnlicher Weise mit dem Sarge wandern müssen, um dort am Grabe dem Hinabsenken desselben beizuwohnen. Selbst zugegeben, dass der Transport mittelst Tramway so billig geleistet werden kann, dass auch der unbemittelte Theil der Bevölkerung Wiens sich dieses Mittels bedienen könnte, so ist es doch unzweifelhaft, dass die grosse Entfernung der neuen Begräbnisstätte die Zeitdauer der Leichenzüge ungebührend verlängert, und dass, da die sämmtlichen Leichen Wiens nach dem gemeinsamen Friedhof gebracht werden, die Haupt-Communication dahin täglich fünfzig bis hundert Mal von Leichenzügen befahren werden wird, was für die, an jenen Strassen anwohnenden Parteien um so störender werden muss, als nach alt hergebrachtem Usus Leichen-Musik fast unentbehrlich zur Verherrlichung der traurigen Veranlassung erscheint, welche in dem Gemüthe der Betheiligten wie Nicht-Betheiligten oft die peinlichsten Empfindungen erweckt.

Das Bestreben, diesen Uebelständen abzuhelfen, hat uns zu der Idee eines neuen Systemes, einer in allen Details dem Fortschritte der Wissenschaft und Industrie Rechnung tragenden Begräbnisweise geführt.

Beschreibung des Projectes:

Die »Begräbnis-Halle« ist für die Leichenzüge das, was

bisher der Friedhof war, wo der Todte bestattet wird. Die Begräbnis-Halle sollte in unmittelbarer Nähe der Stadt, wenn möglich zwischen der Belvedere- und St. Marxer-Linie errichtet werden.

Die ganze Anlage enthält drei Hauptgebäude. Das mittlere grösste Gebäude ist für das Begräbnis der Katholiken, die beiden Seitengebäude, eines für die protestantischen Confessionen, eines für Israeliten bestimmt. Jedes Gebäude besitzt separate Zufahrt.

Nach Abhaltung der üblichen Ceremonien und Sänger-Chöre folgt das Versenken des Sarges in die Tiefe und die dadurch entstandene offene Stelle des Bodens verschliesst sich sofort vor den Augen der Anwesenden.

Jeder Sarg erhält eine Blechmarke mit dem Namen des Verstorbenen und der Nummer des für ihn bestimmten Grabes oder der betreffenden Gruft, auf welcher Marke eventuell auch ein Siegel des nächsten Angehörigen beigefügt werden könnte. Die Blechmarke wird an den Sarg geheftet und dient am Friedhofe zur Identificirung der Leiche.

Die eigentlichen mechanischen Einrichtungen sind vor den Blicken der Aussenwelt gänzlich verborgen.

Der herabgelassene Sarg wird durch die bestellten Organe zu den Wägen getragen, wovon jeder zur Aufnahme von vier Särgen geeignet, solid und leicht aus Eisen construirt und in der Form dem fünf Fuss im Diameter weiten, genau kreisrunden Tunnel angepasst ist.

Die Förderung im Tunnel, welches eine beiläufige Länge von 15.000 Fuss erhielte, geschieht durch Luftdruck, welcher für die Hinfahrt in Compression, für die Rückfahrt der leeren Wägen in einem partiellen Vacuum seine Wirkung äussert.

Die Förderung sollte in den Frühstunden des Tages stattfinden und würden zur Förderung sämmtlicher Leichen Wiens per Tag 1 bis 2 Stunden genügen.

Man kann nur von Glück sagen, dass dieses Projekt nie verwirklicht wurde. Vielleicht würde die verblichene Tante heute noch zwischen Belvedere und St. Marx im Tunnel »festsitzen«.

Nicht nur, weil die Verwirklichung dieser Erfindung eine Million Gulden gekostet hätte, wurde der Plan fallengelassen, sondern auch aus Gründen des Respekts und Taktgefühls. Man vertraute den Transport doch lieber der rücksichtsvollen Verantwortung zahlreicher Leichenbestattungsunternehmen an.

Man sieht: Die Errichtung des Zentralfriedhofes galt ursprünglich nicht eben als Ideallösung für das Bestattungsproblem in Wien. Die Wiener mussten sich vielmehr erst langsam an ihren neuen Friedhof gewöhnen.

R. LEDL

Wo Totenkult Touristen anlockt

Von Romantikern »erfunden«, liegt Friedhofstourismus nach wie vor im Trend. Gräber berühmter Persönlichkeiten und kuriose Grabstätten werden offen als Sehenswürdigkeiten vermarktet. Die mittlerweile fast tausend Ehrengräber auf dem Wiener Zentralfriedhof sind ein Stück der Kulturgeschichte Wiens und die höchste Auszeichnung, welche die Stadt Wien über den Tod hinaus zu vergeben hat.

Die hier bestatteten Persönlichkeiten, ob Musiker, Dichter, Wissenschaftler, Architekten, Maler, Erfinder, Schauspieler, Politiker oder Sportler, bilden einen Querschnitt durch das gesellschaftliche Leben Wiens, und dies bis in die jüngste Vergangenheit.

Es finden sich hier auch eine Reihe von Ehrengräbern besonders verdienter und gefeierter Toter, wie jene von Christoph Willibald von Gluck, Ludwig van Beethoven, Antonio Salieri, Franz Schubert, Johann Strauß (Vater), Josef Lanner, aber auch Emmerich Kálmán, Alois von Negrelli, Robert Stolz bis hin zu Falco – um nur einige zu nennen. Und unmittelbar vor der Friedhofskirche »Zum hl. Karl Borromäus« befindet sich die Begräbnisstätte der österreichischen Bundespräsidenten der Zweiten Republik.

* * *

Die Friedhöfe der Welt
sind voll von Leuten, die sich
für unentbehrlich hielten.

Wiener friedhöfliche Aktenvermerke

• Friedhof Ottakring:
Eine Frau wurde in der Halle 1 ohnmächtig und von einem Mitglied der trauernden Familie ins Freie getragen. Sie erholte sich bald, in der frischen Luft auf einem Sessel sitzend und mit einem Glas Wasser gelabt.

Das Angebot, die Sanität zu verständigen, wurde von ebenso vielen Angehörigen – es scharten sich rund zehn um die Frau – bejaht wie verneint. Inzwischen kam die Frau zum Bewusstsein ihrer selbst und »wehrte die Sanität ab«.

- Friedhof Neustift:
Der Bahrwagen der Halle Neustift 1 ächzt und quietscht, wenn bergab eingebremst werden muss, und stört die pietätvolle Stimmung der Trauergäste im Kondukt.

- Friedhof Hernals:
Zur Urnenbestattung erscheint die Witwe mit einer Einkaufstasche auf dem Friedhof und will die Urne selbst zum Grabe tragen, mit der Begründung, sie könne kein Trinkgeld geben.

Alt-Ottakring – Liebhartstal – Wilhelminenberg[33])

Im Gasthaus Treffer in der Ottakringer Straße 144 fand regelmäßig ein Stammtisch statt. Herr Freidecker war ein kleines, kugelrundes Männchen und war, bevor er Drechslermeister wurde, mit dem Hutmacher Wenzel Regal im Jahre 1864 Kaiser Max als Freiwilliger nach Mexiko gefolgt und wurde deshalb nur »der Mexikaner« genannt. Natürlich erregte es immer stürmisches Hallo, wenn der kleine Mann am Wirtshaustisch seine Kämpfe in Mexiko besprach und seine Heldentaten gebührend hervorhob. Da gab es natürlich immer Frotzeleien, und der damalige Totengräber Paul Freser war es, der den Freidecker meistens in Hitze brachte. Denn alle seine Bemerkungen gipfelten darin, »dass der arme Kaiser Max ja den Krieg verlieren musste, wenn seine Soldaten lauter so *Knirpse* waren«. Einmal war die Frotzelei besonders

---

33   Eine lokalhistorische Studie, Wien 1922

arg, Freidecker ging über des Totengräbers Frotzelei derart in Saft, dass er schrie: »Mi kannst, wannst mi amal begrabst, g'miatlich im A… lecken, denn dir zeig i no als a Toter mein A…«[34] Und diese Drohung sollte wahr werden. Als Freidecker 1884 zu Grabe getragen wurde, kam der neue »Versenkungsapparat« am Ottakringer Friedhof zum ersten Mal in Verwendung. Der Sarg wurde auf die Gurten gestellt, Freser drehte die Kurbel, um den Sarg zu versenken; auf einmal gingen die Gurten los, der Sarg fiel in die Grube, öffnete sich, der tote Freidecker fiel heraus und zeigte dem verblüfften Totengräber jenen Teil seines toten Ich, den zu lecken er ihm seinerzeit im Gasthaus Treffer empfohlen hat. Ein Zufall, dass derartige Prophezeiungen manchmal eintreffen.

Friedhofsfunk für Verstorbene

Nach den Plänen eines US-Unternehmens werden künftig Verstorbene den Friedhofsbesuchern alle Infos zu ihrer Person via Funk zukommen lassen. Möglich macht dieses »Facebook für Tote« ein Chip in den Grabsteinen, der auf Handy-Frequenz sendet. Das Produkt »Rosetta Stone« kostet ab 100 Dollar und hält laut Anbieter immerhin bis zu 3200 Jahren; sozusagen auf »Friedhofsdauer«.

Konduktfolge mit Umweg

Ein Ehepaar sah sich aus gesellschaftlichen Gründen verpflichtet, einer Beerdigung beizuwohnen. Sie betraten also in angemessener Haltung die Aufbahrungshalle, kondolierten den Angehörigen und ließen das Trauerze-

---

34   »Mich kannst du, wenn du mich einmal begräbst, gemütlich im A… lecken, denn dir zeig ich noch als Toter den A…«

remoniell über sich ergehen. Es bestand zu dem Verstorbenen kein Naheverhältnis, sodass sich die Trauer wohl in Grenzen hielt.

Als endlich nach erfolgter Trauerfeier der Leichenzug in Bewegung geriet, reihte sich das Ehepaar als Letzte ein, wurde dann langsamer, drehte um und eilte zum Friedhofstor. Man wurde ja schließlich gesehen und hatte der Kondolenz Genüge getan.

Was sie jedoch nicht wussten war der Umstand, dass sich das offene Grab, in das der Verstorbene gebettet werden sollte, gleich neben der Aufbahrungshalle befand und infolge der großen Anzahl von Trauergästen der Leichenzug einen Umweg um eine ganze Gräbergruppe des Friedhofs machen musste, damit sich der Kondukt überhaupt formieren konnte. So staunten die Eheleute nicht schlecht, als ihnen noch vor Erreichen des Friedhofstores der gesamte Leichenzug entgegenkam. Die Peinlichkeit war perfekt!

Sie stellten sich daher an den Rand, um den feierlichen Kondukt passieren zu lassen, und der Mann raunte seiner Frau ins Ohr: »Das ist wie im Märchen der *Hase und der Igel – ich bin schon da.*« Wenn man nicht lachen darf, ist bekanntlich der Drang dazu am größten. Und diesen Drang verspürte die Frau nun dermaßen heftig, dass sie, um nicht laut herauszuplatzen, sich in Zunge und Lippen biss und ihr Gesicht in beide Hände vergrub. Nach einigen Tagen erfuhr das Ehepaar, dass ein Trauergast seinen Nachbarn fragte: »Wer war eigentlich die Dame, die am Wegesrand so bitterlich schluchzte?«

Am offenen Grab

Der Verstorbene wird zu Grabe getragen. Unter den Trauergästen befindet sich auch der langjährige Hausarzt, der ihn bis zuletzt behandelt hatte. Als der Sarg hinabgelassen wird, tritt der Doktor an den Rand der Grube, wirft eine Handvoll Erde auf den Sarg und murmelt leise; »Und bitte, nichts für ungut …«

* * *

Am offenen Grab standen die Witwe und die betagten Schwestern des Verstorbenen. Der Geistliche wartete, bis sich die Trauergäste versammelt hatten, um mit seiner Grabrede zu beginnen.

Da streckte eine der Schwestern einen Fuß nach vorne, es schien, als wollte sie ihrem Bruder ins Grab folgen, blickte zu ihrer Schwester am gegenüberliegenden Grabesrand und sagte: »Schau, Milli, de Schuach hab i ma kauft!«[35]

* * *

Eine andere höchst makabre Geschichte trug sich ebenfalls am offenen Grab zu: Die Sargträger waren eben dabei, den Sarg hinabzulassen, da rief eine ältliche Hinterbliebene schluchzend aus: »Na, die derf do net eine, i wü auf da Mitzi liegn!«[36]

* * *

Wir sind eine fröhliche Herde –
Gott sei Dank, noch nicht unter der Erde!

---

35 »Schau, Milli, diese Schuhe habe ich mir gekauft!«
36 »Nein, die darf da nicht hinein! Ich will auf der Mitzi liegen!«

Danksagung

Eine vierte Chance

Ich danke allen, die mir für mein neues Buch – oft unaufgefordert, aber sehr dienlich – Zeitungsausschnitte, Textpassagen, »Internetleichen«, Grabsprüche, Partezettel, Todesliteratur und vieles mehr zukommen ließen.

Danken möchte ich auch der Verlagsleiterin Dr. Maria Seifert, dass sie mir als »begeistertem« Bestatter eine vierte Chance gab und mich meine morbiden Anekdoten mit der Sammelwut eines Eichhörnchens zu Papier bringen ließ.

Ein besonderer Dank gilt meinem Freund Oliver Schmidtbauer, der meine handgeschriebenen Manuskripte mühevoll enträtselte, im Computer erfasste und vorlektorierte … und der nie ungeduldig wurde, wenn ich des Öfteren »brandneue Friedhofs-News« als Nachträge unbedingt noch unterbringen wollte.

Ein herzliches Dankeschön an die Illustratorin Rosemarie Ledl, die mich bei meiner Arbeit stets großartig unterstützt hat, und an Gabi Steiner, Christian Eiböck und Alfred Vorisek, von denen ebenfalls Illustrationen in dieses Buch Eingang gefunden haben.

Die amerikanische Bestatterin und Autorin Caitlin Doughty will den Tod aus der Tabu-Ecke holen. Ihr Buch »Fragen Sie Ihren Bestatter« über den Umgang mit dem Tod und ihre Arbeit mit Leichen ist gerade auf Deutsch erschienen. Darin gibt sie Einblicke in die Arbeit von Krematorien und erzählt schräge Anekdoten und Kulturgeschichtliches. Die Filmrechte des Buches sind verkauft – es könne eine Fernsehserie werden wie die Bestattergeschichte »Six Feet Under«, so Doughty.

Die Hoffnung stirbt zuletzt

So könnte vielleicht aus meinen Büchern eine österreichische Fernsehserie entstehen. Ich hätte auch schon einen Titel:

Nein, nicht »Sturm der Liebe am Friedhof« sondern »Wie bekomme ich ein Ehrengrab in bester Lage schon zu Lebzeiten?«

Wiener Neustadt, März 2016
Julius Müller

Quellen

BELTZ, Walter (Hrsg.): Lexikon der letzten Dinge. Augsburg 1993

BESTATTUNG WIEN GMBH (Hrsg.) Rat und Hilfe im Trauerfall. Wissenswertes für Hinterbliebene. Informationen über das Bestattungswesen in Wien. Wien 2007

BRÜGGENWIRTH, Ingrid: Vom Sensenmann und Druckerschwärze. Eine Auswahl außergewöhnlicher Todesanzeigen. Bremen 1997

DREWES, Maria; KOSTENZER, Otto: Tiroler Küche. Ein Spezialitäten-Kochbuch mit 450 Rezepten und kleine Kultur-geschichte der Tiroler Küche. Innsbruck-Wien. 12. Auflage 2005

EULENSPIEGEL VERLAG (Hrsg.): Gar kurz ist's bis zur Ewigkeit ... Eine Sammlung kurioser Grabsprüche. Berlin 1986

FEYERABEND, Barbara; KARVANG, Torbjörn: Auf vier Pfoten in den Himmel. Wien 2003

GÄLZER, Ralph und Ilona: Gärten des Friedens. Ländliche Kirch-höfe und Friedhöfe in Niederösterreich. Gaaden bei Mödling 2006

GRIESER, Dietmaer: Es ist nie zu spät. Wien 2010

HÖRMANN, Ludwig v. (Hrsg.): Grabinschriften und Marterln. Leipzig 1891

HÖRMANN, Ludwig v. (Hrsg.): Grabinschriften und Marterln. Stuttgart und Berlin 1905

KAUFMANN, Paul: Brauchtum in Österreich. Feste, Sitten, Glaube. Wien 1982

KLETTER, Gerhard: Der Friedhof St. Marx. Erfurt 2005

KÖNIG, Johann: Alt Ottakring – Liebhartstal – Wilhelminenberg – Eine lokalhistorische Studie, Wien 1922

LISTMAYR, Brigitta; HRUBANT, Alfred: Die Burg zu Wiener Neustadt. Wien 2005

MAGISTRATSABTEIL. 13 – STÄDTISCHE FRIEDHÖFE (Hrsg.): Park der Ruhe und der Kraft. Wiener Zentralfriedhof. o. O. o. J.

MARKUS, Georg: »Wie war es wirklich«. Indiskrete Fragen an historische Persönlichkeiten. Wien 2007

MÜLLER-PARTENKIRCHEN, Fritz: Auf gut bayrisch. Geschichten zum Lachen und Nachdenken. Dachau 1994

PLEYEL, Peter: Friedhöfe in Wien. Vom Mittelalter bis heute. Wien 1999

RADECKI, Sigismund von: Das ABC der Lachens. Hamburg 1983

RAINER, Alexandra (Hrsg.): Die Michaeler Gruft in Wien. Retten, was zu retten ist. Wien 2005

REISS, Johannes: »Hier in der heiligen jüdischen Gemeinde Eisenstadt.« Die Grabinschriften des jüngeren jüdischen Friedhofes in Eisenstadt. Eisenstadt 1995

REITER, Martin: Aufigschtieg'n, obagfall'n, hingwös'n. Mar-terlsprüche und Grabinschriften aus den Alpen. Innsbruck 1992

RUDOLF SCHNEIDER VERLAG GIESEN WILIBALD VÖLSING KG (Hrsg.): Die Feuerbestattung. Weg und Wirkung. Ein Brevier von Willibald Völsing. Giesen/Hasede 2001

TIME LIFE Bücher: Berührungen mit d.em Tod

SCHIFFKORN, Elisabeth: Brot und Brauchtum. Wien 1990

SCHOENFELD, Helmut: Der Ohlsdorfer Friedhof. Gräber, Geschichte, Gedenkstätten. Hamburg 2000

SCHÖNFELDT, Sybil Gräfin: Feste und Bräuche durch das Jahr. Berlin 1999

STEMPLINGER, Eduard: Von berühmten Ärzten. München 1951

WAAS, Emil: Es fängt damit an, dass am Ende der Punkt fehlt. München 1997

WAGNER, Christoph (Hrsg.): Das Weinviertel. Zauber der Weite. Wien 1999

WAGNER, Rektor Karl Wagner: Die Luegerkirche am Wiener Zentralfriedhof, Wien 1993

WETH, Georg A.: Da-Sein wie nie zuvor. Heitere und makabere, seltsame und kriminelle Friedhofsgeschichten. Bern 1984

WIENER STADTWERKE –BESTATTUNG WIEN (Hrsg.): Bestattungsmuseum Wien. Führer durch die Sammlung. Wien 1997. – Der Weg in die Stille. Wien 1967. – Trauerzeremoniell. Wien 1990. – Geschichte des Bestattungswesens in Wien. Im Dienste der Gemeinschaft 1907-1982. 75 Jahre Städtische Bestattung. Wien 1982

WILLEMS, Petra: Tote in XXL. Übergewichtige machen den Bestattern schwer zu schaffen, In: Eternity/ Oktober 2007

WOLF, Helga Maria: Merkwürdiges aus dem alten Wien von A-Z. Wien 1995

Zeitungen, Zeitschriften

Arbeiter-Zeitung – Bildtelegraf – Bild-Zeitung – BUNTE Illustrierte – Devota – Eternity – Der Grazer – Heute – Kronen Zeitung – KURIER – Loslassen. Der Trauer-Ratgeber – Mostviertler Basar –Münchner Merkur – Niederösterrechische Nachrichten – Ohlsdorfer Trauerkultur – PIA. Die Zeitschrift der österreichischen Bestatter – PRALINE – Die Presse – PROFIL – Quo Vadis Journal – Zeitschrift für Trauerkultur (Aust, Leisner, Schulze) – Österreich – Requiem – Süddeutsche Zeitung – Teamgeist aktuell – Teletect Totentanz aktuell – WEEKEND – 24 Stunden für Wien – Wien aktuell – Wiener Zeitung – Wochenpresse

Sonstige Materialien

Mag. Helga Bock: Teamgeist

HSV-Friedhof Hamburg (Informationsschrift von Christian Reichert – unveröffentlicht)

Mexikanischer Totenkult (Flugblatt zur Ausstellung »Exitus« in Wien)

Schloss Concordia. Natur und Kultur in einem Gesamtkunstwerk an der Peripherie (Flugblatt)

Sterbekultur und Todespräsenz im Internet (Artikel von Reiner Sörries auf www.kath.de)

Theo Remmertz Akademie e. V. Münnerstadt (Broschüre)

Internet

wikipedia.org – cemetery.org – findagrave.com – kath.de – memoriam.de – ohlsdorf-online.de – online-grab.eu – orf.at – parents.at – sagen.at – slapped.de – spiegel.de – weltbild.de

Sonstige Quellen

Archiv der Bestattung Wien

Illustrationen

Die Illustrationen stammen in alphabetischer Reihenfolge von:
Christian Eiböck: S. 112, 14, 147, 148, 152
Rosemarie Ledl: S. 27, 35, 39, 47, 57, 65, 97, 101, 103, 127, 132, 134, 137, 154, 170, 176, 178, 183, 200, 206, 208
Gabi Steiner: S. 74
Alfred Vorisek: S. 80, 141, 158
Die Alphabet-Raben stammen von Rosemarie Ledl, die Fledermäuse, die über die leer gebliebenen Seiten flattern, von Christian Eiböck.